Gesund durchs Leben

Georg Sedlmaier

Gesund durchs Leben

14 Beiträge für eine ganzheitliche und gesunde Lebensführung

Bibliografische Information der Deutschen Nationalbibliothek:
Die Deutsche Nationalbibliothek verzeichnet diese Publikation in der
Deutschen Nationalbibliografie;
detaillierte bibliografische Daten sind im Internet über
http://dnb.d-nb.de abrufbar.

© 2016 Georg Sedlmaier
Satz, Umschlaggestaltung, Herstellung und Verlag: BoD – Books on Demand
ISBN: 978-3-7412-6488-7

Inhalt

Vorwort Dr. Gerd Müller	7
Vorwort von Joseph Wilhelm »Gesund durchs Leben«	9
Vorwort von Herausgeber Georg Sedlmaier	12
Gisela Antor – Mit Wasseranwendungen nach Sebastian Kneipp das Immunsystem stärken	15
Vita Gisela Antor	27
Ida-Anna Braun – Den Mehrwert im Leben entdecken!	31
Vita Ida-Anna Braun	41
Martin Büchele – Gesund durchs Leben	45
Vita Martin Büchele	57
Thomas Frankenbach – Der Körper spricht immer!	61
Vita – Thomas Frankenbach	69
Dr. rer. physiol. Judith Gutberlet – Anti-Krebs-Ernährung, epigenetische Begründung einer gesunden Ernährung	73
Vita Dr. rer. physiol. Judith Gutberlet	99
Dr. Ulrich Kraft – Das Mikrobiom des Verdauungstraktes	103
Vita Dr. med. Ulrich Kraft	111
Dr. sc. agr. Petra Kühne – Gesundheit ist individuell – der Einfluss der Ernährung	115
Vita Dr. sc. agr. Petra Kühne	129
Dr. Susanne Kümmerle – Mit Genuss gesund durchs Leben – Warum Verzicht nicht alles ist	132
Vita Dr. Susanne Kümmerle	146

Lutz Meissner – Muskeln Sie mal wieder – ein einfacher Weg zu mehr Gesundheit	149
Vita Lutz Meissner	162
Dr. Sabine Schäfer – Unsere Zivilisationskrankheiten! Woher kommen sie, wie sind sie zu heilen?	167
Vita Dr. Sabine Schäfer	188
Bettina Sedlmaier-Erlenfeld – Heilfasten – Umschalten von der Ernährung von Außen zur Ernährung von Innen oder warum es sich lohnt, hin und wieder auf das Essen zu verzichten.	191
Vita Bettina Sedlmaier-Erlenfeld	207
Georg Sedlmaier – Wie trägt positives, lebensbejahendes Verhalten zur Gesundheit bei?	211
Vita Georg Sedlmaier	218
Maren Stahl – Gesundheit – eine Frage des Bewusstseins?	221
Vita Maren Stahl	232
Andrea Tichy – Lebendiges Wasser – Energiequell des Körpers	235
Vita Andrea Tichy	240
Vom Herausgeber bereits erschienen	242

Vorwort Dr. Gerd Müller

Liebe Leserinnen und liebe Leser,

als mich Georg Sedlmaier bei unserem letzten Treffen fragte, ob ich ein Vorwort für seinen 5. IG FÜR Sammelband »Gesund durchs Leben« verfassen könnte, musste ich nicht lange überlegen. Es gibt nur wenige wie ihn, die so klar für ihre Überzeugungen einstehen und dabei immer das Miteinander und vor allem das Füreinander in den Vordergrund stellen.

In diesem Sammelband finden Sie unterschiedliche Beiträge, die sich mit dem körperlichen, geistigen und sozialen Wohlergehen beschäftigen. Beispielsweise gehen sie den Fragen nach, welchen Einfluss die Ernährung und übrigens auch das Fasten auf unsere Gesundheit hat, wie ein lebensbejahendes Verhalten die Gesundheit beeinflusst, aber auch Klassiker wie die altbewährte Kneipp-Methode werden besprochen.

Investitionen in die eigene Gesundheit lohnen sich für jeden, denn Gesundheit ist die Voraussetzung für jegliches Lebensglück, auch wenn wir diese Tatsache manchmal aus den Augen verlieren. Dieses Buch ermöglicht es uns, uns wieder daran zu erinnern und führt uns vor Augen, wie viel wir selbst zum eigenen Wohlergehen beitragen können. Manchmal bedarf es eben eines Impulses von außen, um in sich selbst wieder diese Kraft zu finden. Das macht selbstbewusst und stark für alles Kommende.

In diesem Sinne wünsche ich Ihnen allen, kommen Sie »Gesund durchs Leben« und viel Freude beim Lesen,

herzlichst Ihr

Vorwort von Joseph Wilhelm
»Gesund durchs Leben«

Es ist mir eine große Ehre, zu einem Vorwort für ein Buch eingeladen zu sein, welches aus Fachbeiträgen von Menschen zusammengestellt ist, deren Kompetenzen und Fähigkeiten ich für weit höher einschätze als meine eigenen. Doch wie könnte ich den von Georg Sedlmaier geäußerten Wunsch abschlagen, steht doch dahinter nicht nur die Idee, praktische Hilfestellung für ein gesünderes und besseres Leben zu bieten, sondern auch und vor allem der gute Zweck, damit SOS-Kinderdörfern zu helfen und die IG FÜR zu unterstützen.

So nehme ich die Legitimation für meinen Beitrag aus 44 Jahren bewussten persönlichen Bemühens und unaufhörlicher Suche und Auseinandersetzung im Themenkreis »Gesundheit« und »besser Leben« sowie 42 Jahren Firmenarbeit für gesunde Lebensmittel.

Gesund sein wollen wir alle. Ich glaube, ich kenne persönlich niemanden, dem seine eigene Gesundheit egal wäre. Trotzdem verhalten sich viele Menschen so, als hätten unser persönliches Verhalten und unsere Lebensführung keinerlei Einfluss darauf.

Gesundheit ist ja nicht nur die aktuelle Abwesenheit von Krankheit. Gesundheit ist nicht nur ein Ego-Thema, sondern auch eine soziale Angelegenheit.

Gerade in meiner Funktion als Geschäftsführer eines Betriebes mit rund 350 Mitarbeitenden im Biobereich und in der Erzeugung und Verarbeitung von Lebensmitteln, die wirklich dem Leben dienen und es fördern, finde ich es bedauerlich, dass die jährlich von Mitarbeitenden und Firma an die Krankenkassen abzuführenden Millionenbeträge nicht mehr ausreichen, die Löcher der Kassen zu stopfen. Die Tatsache, dass die Beiträge ständig weiter steigen, ist nicht nur begründet in ineffizienten Gesundheitssystemen und einer unersättlichen und mächtigen Pharmaindustrie, sondern sie ist auch auf unsolidarisches Verhalten des Einzelnen zurückzuführen.

Der bedenkenlose Konsum von krank machenden, inhaltsleeren Lebensmitteln, angeführt von weißem Industriezucker, Auszugsmehlen, schlechten Fetten und einem Übermaß an Fleisch ist nicht eigenverantwortlich und er ist unsolidarisch, weil er die Krankenkosten in die Höhe treibt.

Lassen wir uns nicht täuschen von der steigenden Lebenserwartung, wenn auf der anderen Seite die Wartezimmer der Ärzte immer voller werden und die Wartezeiten bei Fachärzten immer länger. Es ist um die sogenannte »Volksgesundheit« nicht so gut bestellt wie uns glauben gemacht wird, denn sonst würden die Krankenkassenbeiträge massiv fallen.

Aus diesem Grund begrüße ich dieses Buch mit Beiträgen und Hinweisen für eine ganzheitliche und gesunde Lebensführung, die unseren Blick schärfen helfen auf unser eigenes Verhalten und unsere eigene Verantwortung.

Gesundheit entsteht vor allem aus Eigenverantwortung und Lebensfreude. Gesundheitspolitik, staatliche Stellen und öffentliche Institutionen können nur Rahmenbedingungen setzen und ein Jammern über deren Unzulänglichkeiten ist Energieverschwendung.

Um unsere Gesundheit eigenverantwortlich und eigen-initiativ zu verbessern, bietet dieses Buch vielfältige und kreative Hilfestellungen. Achtung, Gesundheit und Lebensfreude können ansteckend sein!

Ich wünsche dem vorliegenden Werk weite Verbreitung und einen hohen Reinerlös für die Unterstützung der erklärten sozialen Zielsetzungen.

Mit naturköstlichen und solidarischen Grüßen
Joseph Wilhelm
Rapunzel Naturkost

Vorwort von Herausgeber Georg Sedlmaier

Als langjährig leitender Lebensmittelkaufmann in namhaften deutschen Lebensmittelunternehmen erlebte ich, dass es oft genug (zu) viele Menschen gab, die genau wussten, warum etwas bestimmt nicht möglich sei.

Früh lernte ich daher nach gangbaren Wegen zu suchen, wo und wie Probleme gelöst werden könnten. Mit den Jahren entwickelte sich, zusammen mit Weggefährten, ein »positives Finden«.

Als ich 1997 den gemeinnützigen Verein Interessengemeinschaft IG FÜR gesunde Lebensmittel e.V., der heute rund 700 Mitglieder zählt, gründete, war dieses positive Finden auch der Gründungsgedanke.

Ich organisiere seit vielen Jahren in Fulda/Hessen und in Kempten/Allgäu monatliche IG FÜR-Vorträge mit namhaften Ärzten, Heilpraktikern, Ernährungswissenschaftlern, Physiotherapeuten und vielen interessierten »Menschen guten Willens«. Dabei lerne ich auch selbst immer wieder dazu und betrachte dies zunehmend als Gesundheitsgeschenk.

Ich weiß, wer auf welchem Gesundheitsgebiet Experte ist. Nachdem es mir gelungen war, für mein 3. IG FÜR-Buch »Mehr tun, als man tun muss« 19 Autoren zu gewinnen und für mein 4. Buch »Vielfalt statt Einfalt« – Leben und Essen im Einklang mit der Natur« sogar 21 Autoren aus Deutschland, Österreich, Schweiz, Peru und Ägypten, fasste ich Mut zu unserem 5. IG FÜR-Buch.

Mein erster Gedanke für den Buchtitel war: »Gesund alt werden«. Aber meine 15-jährige Enkelin Leonie Schneider riet mir, es lieber »Gesund durchs Leben« zu nennen. Schließlich spräche ich so auch junge Menschen an, die sich mit Gedanken des Altwerdens noch nicht beschäftigen wollten.

Um zügig zu den wesentlichen Gesundheits-Erkenntnissen aus

den unterschiedlichen Blickwinkeln vorzudringen, bat ich die Mitautoren, möglichst nur 10 Seiten zu schreiben. Hinzu kommt eine Seite Personenvorstellung.

Dieser vielfältige Blick erhebt natürlich keinen Vollständigkeitsanspruch. Das individuelle Leben ist zu vielfältig. Wir wollten unter dem Blickwinkel »Gesund für Körper, Geist und Seele« das dominante Thema beleuchten.

Dabei bemerken wir, dass gerade Menschen mit eingeschränkter körperlicher Beweglichkeit erstaunliche Leistungen für das Gemeinwohl erbringen können.

Ich denke zum Beispiel an den langjährigen Bundesfinanzminister Wolfgang Schäuble. Trotz Rollstuhl »steht er seinen Mann« national und international.

Beim Thema: »Was heißt überhaupt gesund?« können die Buchautoren gute Hilfestellung geben. Auch Menschen mit Krankheiten/Einschränkungen können in diesem Buch mit Achtsamkeitsübungen und Übungen für Ruhe und Gelassenheit viele praktische Tipps für Lebensfreude erhalten.

Ich denke, wir haben die Aufgabe, auf unsere Gesundheit zu achten, um unserer selbst willen, aber auch, um nicht leichtfertig Mitmenschen und Sozialsystemen zur Last zu fallen.

Ich hoffe, dass dieses 5. IG FÜR-Buch möglichst vielen »Menschen guten Willens« eine echte Gesundheits- und Lebenshilfe wird nach den IG FÜR-Leitgedanken:

- Positiv denken und handeln
- Gesunde Ernährung
- Sinnvolle und regelmäßige Bewegung

Dies wünscht allen Leserinnen und Lesern
Georg Sedlmaier
Lebensmittelkaufmann und IG FÜR-Gründer
Danke!

Als Herausgeber sage ich ein herzliches Danke schön und »Vergelts Gott« allen ehrenamtlichen Autoren. Ein Reinerlös ist wieder für SOS-Kinderdorf e.V. und die IG FÜR ... e.V.

Frau Manuela Schlereth war mir wieder beim Schreiben und Gestalten sehr hilfreich. Herr Paul Werner Hildebrand und Frau Jessica Maron (Fa. Organic-Markencommunikation, Frankfurt) halfen beim Buchcover und Probelesen.

Georg Sedlmaier

Gisela Antor – Mit Wasseranwendungen nach Sebastian Kneipp das Immunsystem stärken

Die Errungenschaften unserer hoch technisierten Welt und die Annehmlichkeiten einer klimatisierten Wohnkultur haben die Menschen mehr und mehr von ihrer natürlichen Umwelt getrennt. Durch den Mangel an natürlichen Reizen unterbleiben die ausgleichende Gegenregulationen, die Reglersysteme verkümmern und sind in ihrer Funktionsweise beeinträchtigt.

Der Reizverarmung bei den natürlichen Lebensreizen steht eine immense Reizüberflutung durch künstliche Reize (Lärm, Licht, Hektik, Medien usw.) gegenüber. Um dies auszugleichen, bieten sich die individuell abstufbaren, fein dosierbaren Wasseranwendungen in geradezu idealer Weise an.

Zitat von Sebastian Kneipp: »*Wo Medikamente wenig oder gar nichts vermögen, kann mit Wasser der beste Erfolg erzielt werden; es ist deshalb nur schade, dass man das Wasser und die Anwendungen mit Wasser wenig kennt.*«

Wie wirken Kneippanwendungen?

Der Mensch ist als warmblütiges Wesen auf eine konstante Kerntemperatur angewiesen. Nur bei einer Körperkerntemperatur von 36–37 Grad können die Organe optimal arbeiten und so die Funktionen des Stoffwechsels gewährleisten. Auf Temperaturschwankungen reagiert der menschliche Organismus hochsensibel. Von Thermorezeptoren (Messfühlern), die am ganzen Körper in unterschiedlicher Anzahl vorhanden sind, werden Temperaturveränderungen wahrgenommen und über sensible Nervenbahnen an das Wärmeregulationszentrum ins Zwischenhirn gemeldet.

Der Regler im Wärmeregulationszentrum vergleicht nun den momentanen Ist-Wert mit dem vorgegebenen Soll-Wert und setzt im Körper Prozesse in Gang, die Folgendes bewirken:

- Lokale und reflektorische Gefäßverengung mit einer anschließenden Mehrdurchblutung und Gefäßerweiterung.
- Anregung und Aktivierung verschiedener Drüsensysteme (z.B. Ausschüttung von Adrenalin und Cortisol), die die Anfälligkeit gegen Infektionen wie Grippe, Schnupfen oder Bronchitis vermindern.
- Nach kurzem Blutdruckanstieg Blutdruckregulation und Abnahme der Atemtätigkeit.
- Anstieg des Muskeltonus mit anschließender Muskelentspannung.
- Antientzündliche Wirkung mit Schmerzlinderung.
- Aktivierung des lebenswichtigen Hautorgans.
- Allgemeine Erfrischung, später wohlige Entspannung und Wärmegefühl.
- Schlaf- und Durchschlafförderung.

Das verwendete Wasser ist als Wärme/Kälteleiter bestens geeignet, da bei gleicher Temperatur und Einwirkzeit die Wärmezufuhr bzw. der Wärmeentzug bei Wasser 22fach höher liegt als bei Luft.

Das Thermoregulationssystem ist den Organsystemen hierarchisch übergeordnet. Durch relativ einfache, kleinflächige Kneippsche Kalt- und Wechsel-Anwendungen lassen sich alle vitalen Organsysteme aktivieren und durch Training zu optimaler Leistungsfähigkeit bringen. Besondere Bedeutung kommt hierbei dem **Kaltreiz** zu, da dieser dem Organismus aktive Reaktionen abverlangt. Dies wiederum stärkt auf sanfte Weise das Immunsystem, und ein gutes Immunsystem ist ja die Grundlage für unsere Gesundheit.

Ganz wichtig für eine Reiztherapie ist folgendes biologisches Grundgesetz:
- kleine Reize erwecken die Lebensenergie
- mittlere Reize fördern die Lebensenergie
- große Reize hemmen und
- größte Reize lähmen die Lebensenergie

Dies bedeutet, nicht der stärkste, gerade noch ausgehaltene Reiz ist der beste, sondern der schwächste, der noch eine ausreichend gute Reaktion hervorruft.

Die Reizstärke wird von jeder Person unterschiedlich empfunden. Unterschiedliche Parameter wie Konstitution, Kondition, psychische Verfassung, Alter, Geschlecht und Sensibilität, Umgebungstemperatur und Größe der gereizten Fläche sowie die Tageszeit sollten entscheiden, welche Anwendung durchgeführt wird und wie lang die Durchführungszeit ist.

10 Grundregeln bei Kneipp-Anwendungen

1. Als wichtigste Grundregel gilt: Kaltanwendungen nur bei vorgewärmtem Körper durchführen.
2. Je kälter das Wasser, desto kürzer der Reiz.
3. Bei Wechselanwendungen erfolgt erst der Warm- und anschließend der Kaltreiz. Der warme Reiz ist deutlich länger zu halten als der kalte. Um eine optimale Gefäßreaktion zu erreichen, ist es wichtig, zwischen warm und kalt und nicht zwischen heiß und kalt zu wechseln.
4. Nach einer Wasseranwendung sollte nach 15 bis 20 Minuten der gesamte Körper wieder gut durchgewärmt sein (aktive oder passive Wiedererwärmung).
5. Nach Kaltanwendungen nicht mit einem Handtuch abtrocknen. Es genügt, das Wasser von der Haut abzustrei-

fen, um durch die entstehende Verdunstungskälte die Reizwirkung zu verlängern. Ausnahmen: Gesicht, starke Körperbehaarung, Zehenzwischenräume, Auftreten von Fehlreaktionen. Wasser nur sanft mit einem weichen Tuch abtupfen, um keine Wärme durch Reibung zu erzeugen.
6. Warme Bäder sollten mit einer kühlen Anwendung (Waschung oder Guss) beendet werden.
7. Nach warmen und temperaturansteigenden Bädern sollte eine Nachruhe von wenigstens 30 Minuten folgen.
8. Zwischen einzelnen Wasseranwendungen und zwischen Anwendungen und Mahlzeiten sollten Pausen von 1 bis 2 Stunden liegen, um die Reaktionen abklingen zu lassen. Ausnahmen: Anwendungen, die sich in der Wirkung unterstützen oder verdauungsfördernde Maßnahmen.
9. Nikotin- oder Alkoholgenuss in Verbindung mit Wasseranwendungen kann deren Wirkung negativ beeinflussen.
10. Konzentration auf die Behandlung ist unbedingt erforderlich.

Jede Anwendung ist gleichzeitig eine Zuwendung! Es kommt also nicht nur darauf an, **was** man macht, sondern auch darauf, **wie** man etwas macht.

Wichtiger Hinweis:
 Bei **Bluthochdruck** empfehlen sich Anwendungen für den Unterkörper (Wassertreten, Kniegüsse, Schenkelgüsse, Unterkörperwaschungen).
 Bei **niedrigem Blutdruck** sollten Anwendungen für den Oberkörper gewählt werden (Armgüsse, Armbäder, Oberkörperwaschungen). Oberkörperanwendungen sollten jedoch nur bis zum frühen Nachmittag durchgeführt werden, da sie anregend sind und das Einschlafen verhindern könnten.

Bei welchen Befindlichkeitsstörungen sind Kneipp-Anwendungen hilfreich?

1. Schlafstörungen
2. Verdauungsstörungen
3. Kreislaufdysregulationen (chronisch kalte Hände und Füße, zu niedriger und zu hoher Blutdruck)
4. Venenpflege, Venenschwäche
5. Infektanfälligkeit z.b. Schnupfen, Grippe, Halsbeschwerden
6. Schmerzlinderung (antientzündliche Wirkung)
7. Muskuläre Verspannungen
8. Erhöhung der Stresstoleranz

Kneippanwendungen für den häuslichen Bereich

Es werden in diesem Buch nur Kaltanwendungen beschrieben, die vor allem zur Stärkung des Immunsystems eingesetzt werden.

Güsse

Die Güsse sind eine Erfindung Sebastian Kneipps. Sie erlauben durch ihre Verschiedenheit eine exakt auf die Kondition und die Konstitution abgestimmte Anwendung.

Ursprünglich wurden die Güsse mit der Gießkanne durchgeführt, heute verwendet man im häuslichen Bereich ein Gießhandstück (Kneipp-Gießrohr), das an den Brauseschlauch aufgeschraubt werden kann oder einen Schlauch mit ¾ Zoll. Der Schlauch sollte ca. 1,5 m lang sein.

Am besten sollten die Güsse in der Bade- oder Duschwanne

ausgeführt werden, in die ein kleiner Holz- oder Kunststoffrost gelegt wird, damit man nicht im abfließenden Wasser steht.

Bei den Güssen soll das Wasser den Körper gleichmäßig ummanteln, so dass der Temperaturreiz gleichmäßig auf ein exakt abgegrenztes Areal wirken kann. Der Wasserdruck sollte dabei sehr gering gehalten werden, um keinen Massageeffekt zu erzielen. Bei den Güssen ist auf eine lockere und entspannte Körperhaltung sowie auf eine ruhige, kontinuierliche Atmung zu achten. Es ist empfehlenswert, vor dem Kontakt mit kaltem Wasser einzuatmen und während des beginnenden Kaltreizes auszuatmen.

Die für den häuslichen Gebrauch geeigneten kalten Kneipp-Güsse können allein durchgeführt werden.

Der Knieguss

Durchführung: Der Wasserstrahl wird von der Kleinzehenseite des rechten Fußes über die Außenseite des Unterschenkels bis eine Handbreit über die Kniekehle geführt. Dort wird langsam waagerecht kurz ein paar Mal von rechts nach links gegossen. Danach wird der Wasserstrahl an der Innenseite des Unterschenkels abwärts geführt bis zum Innenknöchel. Am linken Bein verfährt man ebenso von außen nach innen. An der Vorderseite erfolgt die gleiche Linienführung wie an der Rückseite. Beginn ist wieder an der kleinen Zehe und eine Handbreit über dem Kniegelenk wird wieder waagerecht gegossen, bei Schmerzen im Kniegelenk evtl. auch kreisförmig um das Gelenk, danach abwärts bis zur großen Zehe.

Wirkung:
Stärkung der Abwehrkräfte, verstärkte Durchblutung der Haut und Muskeln, Gefäßtraining für die Venen, Hilfe bei Kniegelenksarthrosen, Senkung des Blutdrucks, Beruhigungs- und Einschlafhilfe.

Der Schenkelguss

Durchführung: Der Schenkelguss wird wie der Knieguss durchgeführt, nur wird der Wasserstrahl hinten bis über den Beckenkamm und vorne bis über die Leistenbeuge geführt.

Wirkung:
Entkrampfung und Lockerung der Beinmuskulatur, Hilfe bei Hüft- und Kniegelenksarthrosen, Hilfe bei entzündlichen Ischias- oder Rückenbeschwerden, Beruhigungs- und Einschlafhilfe.

Der Armguss

Durchführung: An der rechten Hand beim kleinen Finger beginnen, bis über das Schultergelenk hoch gießen, am Schultergelenk etwas verweilen, jedoch den Wasserstrahl nicht an einer Stelle fixieren, dann an der Innenseite des Arms abwärts gießen bis zum Daumen und Zeigefinger.
Mit dem linken Arm ebenso verfahren, Beginn ist wieder beim kleinen Finger.

Wirkung:
Stärkung des Immunsystems, Erfrischung und Belebung für den Körper z.B. bei morgendlichen »Anlaufschwierigkeiten«, Frühjahrsmüdigkeit, Hilfe bei Entzündungen, z.B. Sehnenscheiden, Ellbogen, Schulter, Hilfe bei nervösen Herzstörungen, Herzmuskelschwäche, Hilfe bei Schwindelgefühl.

Gesichtsguss

Der Gesichtsguss wird auch als »Schönheitsguss des Kneippianers« bezeichnet.

Durchführung: Mit dem abgeschwächten Gießstrahl rechts an der Schläfe beginnen, über die Stirn nach links und wieder zur rechten Schläfe zurück – 3 bis 4 Mal wiederholen, dann mit Längsstrichen von der rechten bis zur linken Gesichtshälfte, danach ca. 3 bis 4 Mal das Gesicht kreisförmig umrunden.

Anschließend das Gesicht mit einem weichen Tuch abtupfen, um durch die Verdunstungskälte den Trigeminusnerv nicht zu stark zu reizen.

Wirkung:
Belebung, Straffung und Erfrischung der Haut, Förderung der Hautdurchblutung, Abhilfe bei Kopfschmerzen, Abgeschlagenheit, geistiger Ermüdung, Hilfe bei Ermüdung der Augen nach langem Lesen und konzentrierter Arbeit, stärkt die kleinen Augengefäße und hilft Ablagerungen zu vermeiden oder abzubauen (altersbedingte Makuladegeneration).

Vollguss

Durchführung: Nach einem Vollbad, warmem Duschen oder Saunabesuch.

Vor dem Guss das Herz und die Stirn kurz abkühlen. Wie beim Schenkelguss rechts außen am Fuß beginnen, über den Hüftkamm gießen, an der Innenseite des rechten Beins abwärts bis zum Innenknöchel. Dasselbe am linken Bein. Danach die Vorderseite der Beine wieder von außen nach innen gießen, zuerst rechts, dann links. Danach an der rechten Hand außen beginnen, bis zur Schulter gießen, innen zurück zur Hand. Dasselbe am linken Arm. Kreisförmig im Uhrzeigersinn um den Bauch gießen, dann über die Brust bis zur rechten Schulter hochgießen, dabei 2/3 des Wassers nach vorne und 1/3 des Wassers nach hinten gießen, zur linken Schulter wechseln. Eventuell kurz kreisförmig das Gesicht abgießen. Nicht abtrocknen, Wasser nur abstreifen. Für Wiedererwärmung sorgen.

Diese Anwendung ist ohne vorheriges Vollbad oder Saunabesuch nicht für Anfänger geeignet!

Bäder

Kaltes Armbad

Es wird auch die »Tasse Kaffee des Kneippianers« genannt.

Durchführung: Waschbecken mit kaltem Wasser (12–18 Grad Celsius) füllen, Arme eintauchen bis zur Mitte der Oberarme, bis das Kältegefühl spürbar wird. Ruhig weiteratmen. Nicht auf die Uhr schauen, sondern das Wasser verlassen, sobald die Anwendung nicht mehr angenehm ist. Nach dem Bad das Wasser mit der Hand abstreifen, für Wiedererwärmung sorgen.

Wirkung:
Stärkung der Abwehrkräfte, Förderung der Blutzirkulation in den Armen, Anregung des Stoffwechsels, Durchblutungsförderung für den Herzmuskel, Erfrischung bei Abgeschlagenheit und Müdigkeit, Schmerzlinderung bei Ellbogenbeschwerden.

Wassertreten

Durchführung: Badewanne oder großen Eimer wadenhoch mit kaltem Wasser füllen, im Storchenschritt (Beine ganz aus dem Wasser heben) durch das Wasser waten, bis ein Kältegefühl eintritt. Danach für Wiedererwärmung sorgen.

Wirkung:
Stärkung des Immunsystems, Förderung des venösen Rückflusses, Hilfe bei müden oder schweren Beinen, Stoffwechselanregung, Hilfe bei Kopfschmerzen, Hilfe bei zu hohem Blutdruck, Beruhigungs- und Einschlafhilfe, Abhilfe bei Fußschweiß.

Zu den mildesten, jedoch sehr wirkungsvollen Anwendungen gehören die

Waschungen

Oberkörperwaschung

Durchführung: Ein Leintuch in kaltes Wasser tauchen, leicht auswringen, dass es noch gut feucht ist und noch Wasser abgeben kann. Am rechten Arm außen beginnen, das Tuch ohne Druck bis über das Schultergelenk führen, dann das Tuch wenden und an der Innenseite des Arms bis zum Daumen bzw. Zeigefinger abwärts, dann das Tuch wieder frisch nass machen und von der Handfläche bis zur Armbeuge waschen. Dann den vorderen Oberkörper waschen, beginnend beim Hals, von rechts nach links. Dann das Tuch an der rechten Schulter anlegen und bis zum Hüftgelenk senkrecht abwärts waschen, Tuch wenden und etwas weiter links wieder nach oben in Richtung Hals führen. So weiterwaschen, bis die Vorderseite des Oberkörpers gut befeuchtet ist.

Anschließend den Nacken und den Rücken ebenso waschen, wie die Vorderseite des Oberkörpers. Abschließend im Uhrzeigersinn um den Bauchnabel 3–4 Mal kreisförmig waschen.

Wichtig ist, dass das Tuch immer wieder befeuchtet wird, um eine Kaltanwendung zu erreichen.

Wirkung: Hilfe bei Bronchitis, leichter Erkältung, Erleichterung bei Heuschnupfen und Schnupfen (mehrmals täglich anwenden), Erfrischung des Kreislaufs, Herzentlastung, Hilfe bei Nervosität und Niedergeschlagenheit, Stärkung des Immunsystems

Unterkörperwaschung

Durchführung: Beginn ist am rechten Bein am kleinen Zeh über den Außenknöchel und das Gesäß. Tuch wenden. Abwärts an der hinteren Innenseite des Beins bis zum Innenknöchel, dasselbe am linken Bein. Danach folgt die Vorderseite der Beine, beginnend wieder am rechten Bein am kleinen Zeh, über das Hüftgelenk, Tuch wenden und abwärts an der vorderen Innenseite des Beins bis zur großen Zehe. Zum Abschluss die Fußsohlen waschen.

Wirkung:
Stärkung der Nerven, Hilfe bei rheumatischen Erkrankungen, Hilfe bei Arthritis und Arthrosen, Linderung venöser Durchblutungsstörungen, Beruhigungs- und Einschlafhilfe.

Fazit:

Um eine nachhaltige Veränderung der Gesundheit zu erreichen, sollten die Wasseranwendungen regelmäßig durchgeführt werden, d.h., es sollte täglich eine Anwendung mit kaltem Wasser durchgeführt werden. Es empfiehlt sich, alle Anwendungen auszuprobieren, um die Wirkung zu erfahren. Nach spätestens 4–6 Wochen regelmäßig durchgeführter Wasseranwendungen werden Sie eine deutliche Änderung Ihres Allgemeinbefindens feststellen und die Wasseranwendungen weiter durchführen wollen. Hören Sie auf Ihre innere Stimme und lassen sich von ihr führen.

Wasseranwendungen nach Sebastian Kneipp sind hier empfohlen zur Vorbeugung und Erhaltung der Gesundheit sowie zur Linderung von leichten Befindlichkeitsstörungen. Bei länger anhaltenden oder unklaren Beschwerden ist selbstverständlich der Gang zum Arzt unerlässlich.

Ich wünsche Ihnen viel Freude und Erfolg mit den Wasseranwendungen und möchte Ihnen noch ein Zitat von Sebastian Kneipp mit auf den Weg geben:

»Ich glaube, dass ich kein Heilmittel anführen kann, das sicherer heilt als das Wasser. Aber ich warne euch vor zu vielen Wasseranwendungen. Die Natur soll man nicht überladen!«

Vita Gisela Antor

Gisela Antor, geb. 1961 in Kempten, verheiratet, 2 erwachsene Töchter, Kneipp-Gesundheitstrainerin, ausgebildet an der Sebastian-Kneipp-Akademie in Bad Wörishofen. Hauptberuflich in einer Beratungsstelle für Blinde und Sehbehinderte als Verwaltungsangestellte und Beraterin tätig.

Im Jahr 2007 habe ich meine Ausbildung als Kneipp-Gesundheitstrainerin in Bad Wörishofen absolviert. Durch die regelmäßig durchgeführten Wasseranwendungen habe ich mein Immunsystem wieder gestärkt und bin dadurch zu guter Gesundheit gelangt, wie ich es nie für möglich gehalten hätte. Seit meiner Kindheit hatte ich ein schwaches Immunsystem, Asthma, sehr viele Allergien und starke Neurodermitis, was die Lebensqualität sehr beeinträchtigte. Erst seit ich für meine Gesundheit die Eigenverantwortung übernommen habe, geht es mir besser und besser.

Die Lehre Kneipps mit den 5 Wirkprinzipien Wasser, Ernährung, Bewegung, Heilpflanzen und Lebensordnung ist für mich sehr wertvoll geworden. Mein Wissen und die persönlichen Erfahrungen gebe ich seit dem Abschluss meiner Ausbildung mit großer Begeisterung in Vorträgen oder Einzelgesprächen an interessierte Menschen weiter und freue mich über viele positive Rückmeldungen.

Kontakt: Gisela Antor, Karlstr. 11, 87437 Kempten, Tel. 0831-67857
Email: gisela.antor@augustakom.net

Wasser ist der Ursprung von allem

Thales von Milet (um 625–545 v.Chr.),
griechischer Philosoph und Mathematiker,
einer der Sieben Weisen

Ida-Anna Braun – Den Mehrwert im Leben entdecken!

Als im Dezember 2015 die Kneippsche Gesundheitslehre in Deutschland zum immateriellen Kulturerbe ernannt wurde, war dies für die gesamte Kneippbewegung eine große Freude und Ehre. Es ist jedoch auch der Auftrag, diese einmalige Naturheillehre noch bekannter zu machen, damit möglichst viele Menschen davon profitieren können. Denn ein gutes und gesundes Leben ist kostengünstig zu haben und einfach zu praktizieren.

»Gesundheit erhält man nicht im Handel, sondern durch den Lebenswandel.«

So lautet eine der bekannten Aussagen Sebastian Kneipps, der auch als Wasserdoktor bekannt ist. Ein Doktor, ein Arzt, war er freilich nicht, aber ein großer Heiler, ein Mensch mit einem besonderen Charisma. Wer war nun dieser Mann?

Sebastian Kneipp war katholischer Priester, der am 17. Mai 1821 in eine ärmliche Familie in der Nähe von Ottobeuren im Unterallgäu geboren wurde. Als junger Mann litt er an Tuberkulose, damals eine tödliche Krankheit. Durch kalte Wasseranwendungen konnte er sein Immunsystem so stark machen, dass er gesund wurde. Kneipp forschte weiter: Er wollte wissen, was Wasser darüber hinaus bewirken kann. Wasser wurde für ihn zum ersten wichtigen Wirkprinzip, zum Heilmittel. Neben dem Wasser hat Kneipp seiner ganzheitlichen Gesundheitslehre weitere Prinzipien hinzugefügt: Bewegung, Ernährung, Heilpflanzen und Lebensordnung.

So wusste auch Kneipp, dass eine moderate, regelmäßige Bewegung an der frischen Luft gesundheitsförderlich ist. Die Sportmedizin hat dies inzwischen wissenschaftlich nachgewiesen. Ebenso ist nachgewiesen, wie schädlich das viele Sitzen ist. Kneipp empfahl den Kranken, die unter Bewegungsmangel litten, Holz zu hacken. Aus der Bioenergetik weiß man um die heilsame Wirkung dieser Tätigkeit.

»*Vorbeugen sollt ihr durch Kräuter und nicht das Übel erst groß werden lassen.*«

Die Natur als Apotheke: Kneipp kannte die Wirkung der heimischen Kräuter und Heilpflanzen bei vielen Alltagsbeschwerden. In seiner Kräuterheilkunde werden nur mild wirkende Pflanzen verwendet, also solche, die keine Giftstoffe enthalten. Er empfahl z.B. Kümmel, Anis, Fenchel, Pfefferminze bei Verdauungsbeschwerden, Holundersaft als Vorbeugung gegen Erkältungen, Lindenblütentee zur Schwitzkur bei Erkältungskrankheiten, Johanniskraut zur Unterstützung der Behandlung bei nervöser Unruhe, Ringelblumen bei Entzündungen der Haut, Rosmarin gegen allerlei Befindlichkeitsstörungen und zur allgemeinen Anregung. Die diversen Kräuter und Heilpflanzen wurden von ihm nicht nur in Form von Tees, sondern auch als Tinkturen, Säfte, Salben und Badezusätze verwendet. Dies ist auch heute noch so.

»*Der Weg zur Gesundheit führt durch die Küche, nicht durch die Apotheke.*«

Dieses Zitat von Kneipp zeigt, wie wichtig ihm die Ernährung war. Zu einem gesunden Leben gehört eine möglichst naturbelassene, abwechslungsreiche Ernährung, im Prinzip eine Vollwertkost. Außerdem sollten die Lebensmittel aus der Region kommen und saisongemäß verzehrt werden. Wir wissen heute, wie ökologisch und ökonomisch sinnvoll diese Forderung ist. Die Nahrung soll ein Lebensmittel sein, ein Mittel zum Leben. Ein schadstoffbelastetes, industriell verändertes Nahrungsmittel, wie es heute leider üblich ist, kann das wohl nicht sein!

Es gibt bei Kneipp keine dezidierten Ernährungsvorschriften, er war kein Vegetarier, kein Veganer und schon gar kein Asket. Im Gegenteil: Sebastian Kneipp hat selbst gerne gut gegessen. Jedoch war es zu seinen Lebzeiten üblich, höchstens einmal in der Woche Fleisch zu essen, vor fettem Fleisch hat er gewarnt.

Kneipp wusste auch um die bekömmliche und wohltuende Wirkung des gemeinsamen Mahlhaltens. Eine seiner Empfehlungen lautet, regelmäßig und maßvoll zu essen. Wenn man merkt, dass man satt ist, hat man schon zu viel gegessen. Zwischen den Mahlzeiten soll genügend Zeit für die komplette Verstoffwechselung der Nahrung sein, d.h. erst dann wieder essen, wenn sich Hunger bemerkbar macht. Die Nahrungsaufnahme soll ein bewusster Vorgang sein, wobei das Sprichwort »gut gekaut ist halb verdaut« hier seine Richtigkeit hat.

»Erst als ich den Zustand ihrer Seelen kannte und da Ordnung hineinbrachte, ging es mit ihren körperlichen Leiden auch besser. Sie bekamen mehr Ruhe und Zufriedenheit, kurz sie fühlten sich besser.«

Das Ordnungsprinzip ist für Pfarrer Kneipp grundlegend gewesen. Es wurde zum Fundament seiner ganzheitlichen Gesundheitslehre. Kneipp wusste um die Einheit von Körper, Geist und Seele. Er wusste, dass der Mensch keine Biomaschine ist, sondern ein geist- und vernunftbegabtes Wesen.

In der Lebensordnung geht es darum, die Balance zu halten zwischen den gesund erhaltenden, inneren Widerstandskräften des Menschen und den belastenden, oft auch krank machenden Anforderungen der Umwelt. Es ist dabei überraschend, dass Kneipp bereits vor 150 Jahren gesagt hat: »Kaum irgendein Umstand kann schädlicher auf die Gesundheit wirken als die Lebensweise unserer Tage, dieses fieberhafte Hasten und Drängen aller im Kampf um Erwerb und sichere Existenz.« Damals wie heute galt und gilt es, den heilsamen Biorhythmus der Natur zu beachten: Den Wechsel zwischen Wachsein und Schlafen, zwischen Aktivität und Ruhen, Anspannung und Entspannung, zwischen Arbeit und Erholung. Es gibt einen Zusammenhang zwischen den organischen Funktionen, der Psyche, dem Bewusstsein, dem Nervensystem, der hormonellen Steuerung, dem Immunsystem und dem psychosozialen Umfeld. Die massive Zunahme seelischer Störungen und psychosomatischer Erkrankungen lassen sich auch begründen durch äußeren Zeitdruck, Arbeitsverdichtung, existentielle Verunsicherung, Mobbing, unverschuldete Arbeitslosigkeit, sich verändernde Familienstrukturen, wachsende Vereinzelung und Vereinsamung. Diese Lebensbedingungen belasten den Menschen und sein soziales Umfeld.

Was hilft, wenn der Druck von außen immer stärker wird? Wenn kaum noch Kräfte zur Verfügung stehen, um sich einer gesunden Lebensführung zu widmen? Da hilft nur, die eigenen Lebensprioritäten zu reflektieren, zu überdenken und zu ändern. Können setzt Wollen voraus! Folgende erste, einfache wie wirkungsvolle Maßnahmen sind:

- Aktivitäten möglichst nur tagsüber, nachts ausreichend schlafen
- den Tag mit einem Lächeln beginnen, da so Glückshormone ausgeschüttet werden
- für ausreichend Bewegung an der frischen Luft sorgen
- regelmäßig, gesund und genussvoll essen und ausreichend Wasser trinken
- bewusster Umgang mit Genussmitteln
- sich mit lieben Menschen treffen, denn wenn die zwischenmenschlichen Beziehungen stimmen, ist man entspannter und zufriedener
- wissen, dass man jederzeit neu anfangen kann. Man muss es wollen und tun!

Gut ist auch zu wissen, dass man mit seinen Problemen nicht

allein ist. Also, sich Hilfe suchen! Viele Bildungseinrichtungen, Kneippvereine bieten Entspannungs-, Atem- und Meditationskurse an, autogenes Training, Yoga, Qi Gong, Meditation und vieles mehr.

Wer achtsam ist, hat mehr vom Leben

Was könnte der Sinn des Lebens sein? Menschen, die an Gott glauben können, haben es in der Sinndeutung leichter. Jedoch auch sie fragen sich: Wie kann ich glücklich werden und wo finde ich Glück? Ich glaube, dass sich der Mensch nicht auf Glückssuche begeben muss. Es reicht, einen wachen Blick für die Schönheit des Lebens zu entwickeln und sich immer wieder zu fragen, was mich gesund erhält, anstatt darauf zu schauen, was mich krank macht. Man kann lernen, den Moment zu genießen und damit dem Wohlbefinden auf der Spur sein. Wohlbefinden hat mit Zufriedenheit zu tun. Wie kann Zufriedenheit erreicht werden? Indem mit Geduld und Achtsamkeit die verschiedenen Dimensionen, Körper, Geist und Seele in den Blick genommen werden. Es gibt nur diesen einen Körper, er braucht gute Pflege, denn er ist der Ort der spirituellen Erfahrungen und des Geistes. Eine gesunde Ernährung, regelmäßige Bewegung an frischer Luft und den Atem bewusst wahrnehmen, gehören dazu. Denn der Atem ist unteilbar mit allen physischen und psychischen Prozessen des Menschseins verbunden. Tiefes und bewusstes Atmen verhilft zu mehr Lebenskraft, mehr Konzentration und mehr Lebensfreude.

Folgende kleine Übung mit großer Wirkung möchte ich empfehlen:

Nach dem Aufwachen und einigen tiefen Atemzügen im Liegen, sich auf die Bettkante setzen, einatmend die Arme nach oben nehmen, die Finger wie Antennen spreizen, kurz den Atem anhalten, dann ausatmend die Arme im weiten Bogen seitlich sinken lassen, dabei innerlich ja zu sich sagen. »Ja, es ist gut, dass ich da bin!«

Ja sagen zu sich selbst! Sich akzeptieren, wie man ist, ohne Vorbehalte und Leistungsdruck. Sich nicht mit anderen vergleichen: »Ich bin ich und du bist du.« Abschied nehmen von überzogenen Ansprüchen an sich selbst. Wenn es gelingt, sich auf das Gute und Schöne im Leben zu konzentrieren, wird sich allmählich ein Gefühl der Dankbarkeit entwickeln. Dankbarkeit ist mehr als nur ein Gefühl, es ist eine Lebenshaltung. Das bedeutet nicht, dass die negativen Dinge, die es selbstverständlich auch gibt, ausgeblendet werden, sie stehen nur nicht mehr im Fokus der Aufmerksamkeit. Sich nicht ärgern über Vorkommnisse, die eh nicht geändert werden können, wie das Wetter, im Stau stehen, andere Menschen. Ändern kann man nur sich selbst oder anders gesagt: »Ändere dich und du änderst die Welt.« Man kann sich angewöhnen, jeden Abend mindestens zwei Dinge zu überlegen, die so richtig gut gelaufen sind. Das gute alte Tagebuch kann dabei hilfreich sein. Die bestehenden Freundschaften sollten gepflegt und gegebenenfalls neue, authentische Sozialkontakte aufgebaut werden. Mit anderen reden, jedoch nicht über andere. Es wurde festgestellt, dass ehrenamtliches Engagement zufrieden und glücklich macht. Sich fragen, wo man gerne mitmachen möchte. Viele virtuelle Kontakte zu haben ist gut, ersetzen jedoch nicht den zwischenmenschlichen Kontakt aus Fleisch und Blut.

Es gilt den Augenblick wahrzunehmen und zu genießen, also »achtsam sein«, ein Begriff, der heute oft verwendet wird und den die buddhistische Spiritualität bekannt gemacht hat. Was ist Achtsamkeit? Achtsamkeit ist eine Verabredung mit dem Leben, so wie es ist. Der Treffpunkt dieser Verabredung findet immer im gegenwärtigen Augenblick statt, also immer genau da, wo man sich gerade befindet. Durch Achtsamkeit wird man sich bewusst, was im Körper, in den Gefühlen, im Geist und in der Umgebung vor sich geht. Dadurch gelangt man zu einem tieferen Schauen und Erkennen und entwickelt allmählich mehr Verständnis für andere und tieferes Mitgefühl. Wer achtsam ist, ist im Denken eins mit dem Erleben und dem Tun. Achtsamkeit kann als eine möglichst bewusste, absichtslose, nicht-bewertende Haltung zum gegenwärtigen Geschehen beschrieben werden. Achtsamkeit öffnet uns im Hier und Jetzt für das wunderbare Leben.

Folgende Übungen helfen, die Achtsamkeit zu fördern:
- Am Morgen beim Aufwachen noch einige Minuten mit offenen Augen liegen bleiben, ruhig und tief atmen, die momentane Befindlichkeit wahrnehmen, sich auf den Tag freuen, selbst wenn Unerfreuliches zu erwarten ist. Maßgeblich ist, wie man damit umgehen wird. Dann die oben beschriebene Übung am Bettrand durchführen. Achtsam sein bei jeder gewöhnlichen Verrichtung des Alltags: im Bad, beim Anziehen, beim Frühstücken, beim Gehen zur Arbeit, beim Aufräumen, Kochen, Putzen, Gehen, Stehen, Sitzen, usw.
- Während des Tages immer wieder kurz innehalten und versuchen, den gegenwärtigen Augenblick wahrzunehmen. Man kann sich fragen: Was denke ich, was fühle ich, was empfinde ich im Moment? Versuchen, dies in innerliche Worte zu fassen, ohne dabei zu bewerten.
- Immer wieder bewusst den Atem spüren und versuchen, seine Qualität wahrzunehmen. Ist er kurz, hektisch, ruhig, lang? Sich bewusst machen, dass der Atem die Lebendigkeit und jeweilige Befindlichkeit ausdrückt.
- Dabei Situationen des Wartens nutzen, die sich immer wieder ergeben: Warten an der roten Ampel, beim Arzt, an der Kasse beim Einkaufen, beim Bus- und Bahnfahren, bei Behördenbesuch, beim Hochfahren des PCs usw.
- Auch die Nahrungsaufnahme kann mit großer Achtsamkeit geschehen. Anschauen, was man isst, dankbar sein, dass es genug zu essen gibt, und jeden Bissen genießen.
- Vor dem Einschlafen den Tag noch einmal gedanklich

durchgehen und sich fragen: Wo war ich besonders achtsam? Dann ausatmend alles loslassen, was tagsüber geschehen ist. Sich auf den Schlaf freuen, weil der Körper nun Zeit für notwendige Reparaturarbeiten hat. Es ist alles wunderbar geordnet!

Übung für mehr Ruhe und Gelassenheit
(Diese Übung sollte im Liegen praktiziert werden.)
1. Sorgen Sie dafür, dass Sie in den nächsten 10 Minuten nicht gestört werden. Legen Sie sich so hin, dass es bequem und schmerzfrei ist.
2. Versuchen Sie, sich in dieser Haltung wahrzunehmen: Wie liege ich da? Braucht es vielleicht eine kleine Veränderung, um noch entspannter liegen zu können?
3. Machen Sie sich Ihren Atem bewusst. Spüren Sie, wie die Atemluft durch die Nase einströmt und wieder ausströmt. Der Atem kommt und der Atem geht. Nichts muss getan werden, es geschieht einfach. Dann spüren, welche Bewegungen mit dem Atem verbunden sind, dabei können die Hände auf den Bauch gelegt werden. Beim Einatmen hebt sich nicht nur die Bauchdecke, der ganze Leib wird sanft gedehnt. Beim Ausatmen senkt sich die Bauchdecke und die Dehnung des Leibes geht wieder zurück. Es ist wie heimkommen!
4. Versuchen Sie die ganze Aufmerksamkeit dem Atem zu schenken und sich dabei immer mehr der Wahrnehmung überlassen, getragen zu sein.
5. Legen Sie nun die linke Hand auf das Herz und die rechte Hand auf den Nabel. Atmen Sie weiterhin tief und ruhig ein und aus.
6. Verbinden Sie nun den Atem mit zwei Begriffen: Ruhe und Unruhe. Einatmend Ruhe denken und ausatmend Unruhe. Lenken Sie die Kraft der Ruhe über die linke Hand in

den Herzbereich hinein und hinunter in den Unterbauch. Durch den Nabel atmen Sie alle Unruhe, die noch anwesend ist, aus – immer mehr Ruhe einatmen und Unruhe ausatmen.
7. Nach einer Weile dann Ruhe ein- und Ruhe ausatmen. Dabei die Kraft der Ruhe aufnehmen, weiterströmen lassen und Ruhe ausatmen. Sie können das Wort »Ruhe« in zwei Silben aufteilen, in »Ru« und »he«. Einatmend »Ru« und ausatmend »he« denken. Es ist wie ein sich ständig drehendes Rad der Ruhe, keine anderen Gedanken können sich festsetzen, sie werden weitergedreht und fallen ab. In diesem heilsamen Zustand der Ruhe ordnet es sich, es rückt alles wieder auf den rechten Platz, die Selbstheilungskräfte wirken. In diesem entspannten körperlichen Zustand ist der Geist ruhig und wach.
8. Mit einem tiefen Ausatmen beenden Sie die Übung. Bewegen Sie die Finger und Zehen, lassen Sie es aufatmen, dehnen und strecken Sie sich genussvoll, machen Sie die Augen auf, rollen Sie sich auf die rechte Seite und setzen Sie sich behutsam auf. Hören, riechen, schauen und spüren Sie, wie Sie sich jetzt fühlen, und stehen Sie dann erst auf.

Übung für mehr Lebensfreude und mehr Energie

Setzen Sie sich auf einen Stuhl, die Füße sollen Bodenkontakt haben, eventuell auf die vordere Kante des Stuhles rücken. Schauen Sie entspannt geradeaus und lassen Sie ein inneres Lächeln entstehen.
1. Heben Sie die Arme seitlich in Schulterhöhe, dabei jedoch nicht die Schultern hochziehen.
2. Lassen Sie die Hände kreisen und ändern Sie auch die Drehrichtung.
3. Dann dehnen Sie Ihre Arme, atmen ein, halten kurz den Atem an und schütteln ausatmend kräftig Ihre Schultern,

Arme und Hände aus.
4. Strecken Sie jetzt den linken Arm nach vorne aus. Legen Sie die rechte Hand auf die Schulter und beginnen Sie ausatmend an der Außenseite des Armes bis über die Fingerspitzen zu streichen und einatmend an der Innenseite des Armes entlang bis zur Brustmitte zurück. Noch zweimal wiederholen.
5. Dann strecken Sie den rechten Arm nach vorne aus, legen die linke Hand auf die Schulter und beginnen ausatmend an der Außenseite des Armes bis zu den Fingerspitzen zu streichen und einatmend an der Innenseite des Armes entlang bis zur Brustmitte zurück. Zweimal wiederholen.
6. Halten Sie die Hände in einem angenehmen Abstand vor die Brust. Stellen Sie sich vor, dass Sie eine Energiekugel in den Händen halten. Atmen Sie ein und führen Sie die Hände fest zusammen. Dann atmen Sie aus und reiben dabei kräftig die Handflächen aneinander, bis sie warm werden. Dann klatschen Sie in die Hände.
7. Nehmen Sie die Arme weit nach oben und formen die Hände zu lockeren Fäusten. Stellen Sie sich vor, dass Sie Energie vom Himmel holen, dann atmen Sie ein und führen die lockeren Fäuste vor die Brust. Dann die Arme weit nach vorne strecken, die Fäuste öffnen und ausatmend ein kraftvolles Ja rufen!
8. Es aufatmen lassen und der Wirkung dieser Übung nachspüren.

Ich wünsche Ihnen, liebe Leserinnen und Leser, ein genussvolles Üben!

Vita Ida-Anna Braun

Ida-Anna Braun, geboren 1951 in München, verheiratet, zwei erwachsene Söhne, seit 23 Jahren im Oberallgäu lebend.

Studium der katholischen Theologie an der LMU in München mit Diplom, Studium an der Uni Salzburg mit Abschluss als akademische Expertin für spirituelle Theologie im interreligiösen Dialog, 21 Jahre als Bildungsreferentin im Fachbereich Frauenseelsorge für das Bistum Augsburg tätig, geistliche Begleiterin, Yoga- und Meditationslehrerin, freiberufliche Referentin, Ausbildung zur Fastenleiterin an der Sebastian-Kneipp-Akademie in Bad Wörishofen, seit 2006 Vorsitzende des Kneippvereins in Kempten.

Gerne unterstütze ich Menschen darin, ihr ganzes Leben bewusster wahrzunehmen, sich ihrem Inneren zuzuwenden, um aufmerksamer zu werden für die Empfindungen und Sehnsucht ihrer Seele. Interreligiöser Dialog, Spiritualität und Gesundheitsprävention sind mir wichtige Anliegen.

Mein Lebensmotto: Das Leben ist schön, du musst nur dabei sein!

Kontakt: ida-anna.braun@t-online.

»Wie kann man vielen Krankheiten vorbeugen? Wie kann man so manche vorzeitigen Todesfälle verhüten? Man kann allerdings verschiedene Mittel empfehlen, aber unter allen ragen besonders zwei hervor: Erstens Übungen der Körperkräfte und zweitens Anwendung des Wassers.«

Sebastian Anton Kneipp (* 17. Mai 1821 in Stephansried; † 17. Juni 1897 in Wörishofen) war ein bayerischer Priester und Hydrotherapeut. Er ist der Namensgeber der Kneipp-Medizin und der Wasserkur mit Wassertreten.

Martin Büchele – Gesund durchs Leben

Ich möchte Ihnen heute gerne ein paar Fakten und Theorien näherbringen, die Sie vielleicht so noch nicht in Betracht gezogen haben und die Sie bislang vielleicht nur als unwichtig oder gar als Spinnerei abgetan haben. Ich werde versuchen, Ihnen einen anderen Blickwinkel auf unsere Ernährung und Speisenzubereitung zu bieten und hoffentlich entdecken Sie in diesem Beitrag ein paar interessante Ideen oder Denkanstöße für den Umgang mit ihrem Essen, Ihrem Körper und der Welt, in der Sie leben.

Lebensmittel haben auch ein Leben

Wirkliche Lebensmittel oder Nährmittel, wie sie auch genannt werden, sind heutzutage schon schwer zu finden. Wir haben über Generationen alles Erdenkliche getan, um durch selektive Zucht und wissenschaftliche Manipulation die größtmöglichen Erträge zu erzielen.

Leider ist uns dabei eines entgangen. Lebensmittel haben auch ein Leben. Wir haben vergessen, die Geschenke, die uns Mutter Natur anbietet, als solche zu sehen und zu respektieren. Heutzutage verbrennen wir lieber unser Getreide, als es billiger zu verkaufen oder sogar an hungernde Menschen zu verteilen. Wo kämen wir denn da hin, wenn wir die Marktwirtschaft untergraben mit unserer Spendiererei!? Ich scherze natürlich, doch wenn man sich die skurrile Situation, in der wir uns heute befinden, genauer betrachtet, kann man durchaus manchmal am kollektiven Verstand der Menschheit zweifeln.

Wir haben uns verlaufen in der Konsumwelt und dem Überangebot von Waren, die uns ganzjährig und in jeder möglichen Variation zur Verfügung stehen. Wie Wachsfrüchte lachen uns die perfekt geformten und schimmernden Frischwaren in den Regalen der Supermärkte entgegen. Heutzutage kauft keiner mehr einen Apfel mit Wurm. Wenn das Produkt nicht 100 % wie aus dem Ei gepellt daliegt, wird es entsorgt. Meist wird es aber nicht an Suppenküchen oder Armenhäuser verteilt, sondern kommt auf die Halde. Dann kann es der Wurm haben und damit seine Familie ernähren. Aktuell wurde in Frankreich übrigens ein Gesetz erlassen, dass Supermärkte keine Lebensmittel mehr wegwerfen dürfen und sie stattdessen an Hilfsorganisationen abgeben müssen. Das sind doch mal tolle Neuigkeiten! Hoffentlich setzt sich das auch bei uns durch.

Wir haben Lebensmittel zu Nährmitteln gemacht und uns dabei so weit von der Natur entfernt, dass es schon teilweise schwer fällt, die eigentliche Hauptzutat in einem Gericht festzustellen. Durch De-naturalisierung von Lebensmitteln und die Vielfalt der Zusatzstoffe, die wir mit unserer Nahrung heutzutage aufnehmen, haben wir viele Krankheiten und Gesundheitsprobleme heraufbeschworen, die frühere Generationen nicht kannten. Und, was noch viel schlimmer ist, wir respektieren unsere Lebensmittel nicht mehr und nutzen sie nur noch, um uns am Leben zu halten, anstatt sie als einen aktiven Bestandteil unseres Wohlbefindens zu betrachten.

Doch genug der schrecklichen Tatsachen. Ich will Ihnen hier einen anderen Blickwinkel auf Ihre Ernährung bieten. Einen, den Sie vielleicht selbst noch nicht so erforscht haben. Wie bereits oben erwähnt, sind Lebensmittel auch lebendig. Sie sind voll mit Energie, die sie aus den Elementen aufnehmen und umwandeln, um wachsen und reifen zu können. Aber in diesem Zusammenhang viel wichtiger, sie speichern Lebens-Energie.

Das mag Ihnen vielleicht komisch vorkommen, aber wenn Sie jemals an einem Yoga-Kurs, an einer Thai-Chi- oder Qi-Gong-Stunde teilgenommen haben, dann haben Sie wahrscheinlich von Prana oder Chi gehört. Diese Energien regeln unsere Körperfunktionen und Vitalität, und wenn sie nicht fließen, entstehen verschiedenste Probleme im Körper und Energiehaushalt. Traditionelle Medizin in China, Indien oder die Naturvölker in Nord- und Südamerika sowie die australischen Aborigines nutzen dieses Wissen seit Tausenden von Jahren zur Heilung von Leiden und Harmonisierung von Körperfunktionen. Auch in unseren Breitengraden hatten wir das Wissen von Pflanzenheilung, Wasserlinien und Energieplätzen, aber dank der Heiligen Inquisition im Mittelalter, die alles in ihrer Macht Liegende tat, um diese »Hexereien« zu unterbinden, ist viel Wissen verloren gegangen und wird heute wieder mühevoll von Naturheilern und Ernährungsexperten erlernt.

Diese Energie oder Lebens-Energie, von der ich hier spreche, kommt jedoch nicht nur in uns Menschen vor. Alles, was existiert, hat diese Energie in sich und schwingt auf einer bestimmten Frequenz. Ein Stein, der still im Bach liegt, sieht zwar so aus, als ob er seit Jahrtausenden unbewegt wäre, aber im Inneren vibriert er mit Bewegung. Atome, Elektronen und Protonen sind in ständiger Schwingung und nichts steht still. Dasselbe gilt natürlich für die Pflanzen- und Tierwelt. Dort ist es auch einfacher, es sich vorzustellen, denn wir sehen ja das Wachstum und den Tod von Pflanzen und Tieren. Diese Lebensformen schwingen bereits in einer höheren Frequenz und sind in der Lage, Lebensenergie aktiv umzuwandeln.

Wir, als die Krone der Schöpfung, sind ebenso im ständigen Wandel. Nicht nur im Stoffwechsel und durch das Altern, sondern wir nehmen auch Schwingungen auf und strahlen sie aus. Sie kennen vielleicht die englische Redewendung »feeling low«, also sich bedrückt fühlen, oder »feeling high«, glücklich zu sein. Was wir damit unterbewusst ausdrücken, ist die »Tonlage« unserer eigenen Frequenz. Wir strahlen und nehmen ständig Schwingungen aus unserer Umgebung auf. Vielleicht kennen Sie das, wenn Sie einen Freund oder eine Freundin besuchen, die an gebrochenem Herzen leiden. Sie können mit bester Laune hineingehen und versuchen, die Person aufzuheitern. Aber wenn es nicht gelingt, werden Sie selbst bedrückt. Wenn Sie diese Person dann wieder verlassen, ist es wie eine Erleichterung, aus der Situation oder diesem Feld entkommen zu sein. Was dabei in uns unbewusst geschieht, ist ein Wettkampf der Frequenzen. Zwei derart unterschiedliche Schwingungen können nicht lange im gleichen Raum sein. Sie müssen sich anpassen. Entweder es heben sich beide an und die »Stimmung steigt« oder es fallen beide ab und die »Stimmung fällt« und wird betrüblich.

Was ich Ihnen mit diesem Beispiel, das ja nicht viel mit Lebensmitteln zu tun hat, erläutern möchte ist, dass wir auf Schwingungen reagieren, ja sogar für unser Wohlbefinden auf sie angewiesen sind.

Ein weiteres Beispiel aus dem Lebensmittelbereich. Ein Apfel, der reif am Baume hängt, ist voller Lebensenergie, denn er ist mit dem Baum verbunden und somit »am Leben«. Wenn wir aber diesen Apfel pflücken, ist er von der Energie oder dem »Prana« des Baumes abgeschnitten. Wenn wir diesen Apfel jetzt direkt essen, schmeckt er herrlich und wir fühlen uns sehr gut dabei. Als kleine Zwischenfrage: Können Sie sich noch erinnern, wann Sie das letzte Mal einen Apfel vom Baum gegessen haben?

Nun aber senkt sich die Lebensenergie langsam ab und wird immer weniger. Wenn wir jetzt diesen Apfel in die Fabrik befördern, wo er gewaschen, geschält, mit Antioxidationsmitteln behandelt, verarbeitet, gekocht und dann mit Konservierungsstoffen zu Apfelmus gemacht wird, kann es nicht schwer fallen, sich vorzustellen, welcher Apfel besser für Ihr Wohlbefinden sein wird und mehr Lebensenergie in sich trägt.

Das ist natürlich ein krasses Beispiel, aber es soll Ihnen dazu dienen, ein wenig genauer auf Ihre Ernährung zu achten. Fertiggerichte und »fast food« sind nicht nur ernährungstechnisch nicht einwandfrei, sondern sie sind leider auch sehr niedrig schwingend und frei von Lebens-Energie.

Diese Art, bei Nahrungsmitteln auf ihre energetischen Qualitäten zu achten, ist nicht neu. Es wird seit langer Zeit in Ayurveda, Yoga, Buddhismus und Chinesischer Medizin verwendet. Die Gelehrten dieser Traditionen haben über Jahrhunderte die Heilwirkungen und energetischen Eigenschaften unserer Lebensmittel erforscht. Und glücklicherweise haben sie in unserer heutigen Zeit bei der westlichen Bevölkerung wieder großes Interesse erweckt. Im Grunde wollen wir uns doch instinktiv gut ernähren. Es ist leider nur so, dass wir uns sehr leicht von Zeitgeist, Zeitmangel und Konsumverhalten beherrschen lassen.

Bei Mutter schmeckts am besten!

Und warum? Weil sie mit Liebe kocht. Das ist eine alte Weisheit, die jeder kennt. Doch was ist dran an diesem Spruch?

Aus Erfahrung weiß ich, dass selbst die härtesten Küchenchefs und Michelin-Star-Köche zwar ihre Küchenbrigade mit eiserner Hand führen, aber wenn sie ein zartes Kalbsfilet mit Morchel-Sauce anrichten, geben sie ihm mehr Aufmerksamkeit als so mancher Koch seiner Freundin. Wenn sie Spitzenköche befragen, warum sie solche Mühsal und enormen Stress auf sich nehmen, sagen alle das Gleiche: »Aus Liebe zum Produkt«.

Nur wer mit Liebe kocht, kann dem Gericht das Beste entlocken. In anderen Worten, die Fürsorge und Aufmerksamkeit des Koches macht das Essen zum Festmahl. Natürlich kommt technisches Wissen und Erfahrung in den Topf. Aber vielleicht haben Sie es selbst schon erlebt, wie ein Gericht, das Sie schon viele Male gekocht haben, auf einmal ganz besonders gut schmeckt. Denken Sie nach, was haben Sie anders gemacht? Keine anderen Zutaten verwendet? Die Garzeit verändert? Oder, vielleicht haben Sie sich dieses Mal beim Kochen besonders wohl gefühlt?

Es hat einen dramatischen Effekt auf das Endresultat, wenn Sie während des Kochens einen positiven Raum erschaffen. Wenn Sie einen Vorsatz haben für die Mahlzeit, die Sie gerade zubereiten. Etwa könnten Sie sich vornehmen, dass dieses die schmackhafteste und beste Mahlzeit wird, die Sie jemals kreiert haben. Eine Mahlzeit, die Sie und Ihre Lieben nicht nur mit Kalorien versorgt und ihren Hunger stillt, sondern auch mit Ihrer Liebe und Fürsorge nährt.

Gesundheit, Glück und Zuneigung. Etwas Besseres können Sie doch sich selbst und keinem anderen wünschen.

Stellen Sie sich vor, welch großes Geschenk Sie Ihren Kindern machen würden, wenn Sie sie so ernähren? Aber als Mutter wissen Sie das ja bereits …

Der Vorsatz und/oder die guten Wünsche der Person, die das Produkt handhabt, haben einen sehr großen Einfluss auf das Endresultat.

Die Schwingung macht's

Nehmen wir einmal Homöopathie als Beispiel her. Die Verdünnung der eigentlichen Wirkstoffe ist 1/10.000 bis 1/1.000.000.000.000 (1 Trillion) und mehr. Erstaunlicherweise wird die Wirkung stärker mit höherer Verdünnung. Wie ist denn das möglich? In der konventionellen Medizin wird die Wirkkraft generell mit der Dosis höher und hier ist es umgekehrt? Eine Verdünnung der Stufe 12C, also 12 mal 1 Tropfen verdünnt, kann in der Menge mit einer Prise Salz für den Nord- und Südatlantischen Ozean verglichen werden. Es scheint der Logik zu widersprechen, jedoch ein übliches Erkältungsmittel wird mit der Stufe 200C verdünnt. Eine häufige Erklärung dieses Phänomens ist, dass die heilenden Eigenschaften eines Wirkstoffes oder sogar eines Erregers oder Giftes in energetischer (Schwingung) Form noch immer vorhanden sind, auch wenn dieser Wirkstoff rein physikalisch schon nicht mehr messbar ist. Dies wird mit dem Programmieren des Wirkstoffträgers in Verbindung gebracht. Und zwar …

Unser Wasser

Dr. Masuro Emoto war ein 2014 verstorbener Wissenschaftler aus Japan, der für den größten Teil seines Lebens Wasser erforscht hat. Er hat festgestellt, dass Wasser im Auftauprozess von Eis für eine kurze Zeit Kristalle herstellt.

Generell nichts Aufregendes und nicht der Rede wert. Allerdings hat er unter anderem auch festgestellt, dass Wasser aus verschiedenen Quellen unterschiedliche Kristalle hergestellt hat. Manche Proben, so wie das Leitungswasser von Tokyo und destilliertes Wasser zum Beispiel, waren gar nicht in der Lage, Kristalle zu formen. Während andere aus Bergbächen oder reinen Quellen sehr schöne Kristalle formten.

Eines Tages sagte ein Assistent Dr. Emotos aus heiterem Himmel: »Wie wäre es, wenn wir das Wasser mit Musik beschallen würden?« Und genau das machten sie daraufhin. Sie füllten eine Petrischale mit destilliertem Wasser, das keine Kristalle formen konnte, stellten diese zwischen 2 Lautsprecher und spielten Beethovens 6. Symphonie für einige Zeit. Danach wurde das Wasser wieder eingefroren und erneut getestet. Und siehe da, es formte wunderschöne filigrane Kristalle. Dasselbe Experiment wurde mehrere Male wiederholt und auch mit anderen Musikstücken wie Mozarts Symphonie 40 oder Beatles' Yesterday. Jedes Mal erzeugte das Wasser Kristalle, die irgendwie zu dem Charakter der Musikstücke passten.

Auch Heavy Metal wurde für das Wasser gespielt und es erzeugte missgeformte, unschöne Kristalle, nur nebenbei bemerkt.

Damit war jedoch noch nicht Schluss. Als nächsten Versuch wurden dem Wasser Worte gezeigt. Auf zwei Flaschen klebten sie jeweils einen Zettel mit den Worten »Danke« und »Idiot« mit der beschriebenen Seite nach innen. Erstaunlicherweise reagierte das Wasser auf die geschriebenen Wörter. Und zwar mit einem wunderschönen hexagonalen Kristall für »Danke« und einem missgeformten ähnlich dem von Heavy Metal für »Idiot«.

Von diesem Punkt an gab es keine Grenzen mehr und Dr. Emoto und sein Team erforschten tausende Wörter und selbst Fotos. Und er dokumentierte die Reaktion des Wassers auf die gezeigten Symbole.

Er ging sogar so weit, dass er einen See in Japan, der sehr stark verschmutzt war und nur verzerrte Kristalle hervorbrachte, von einem Mönch mit einem heilenden buddhistischen Gebet beschallen ließ, und als Resultat verbesserte sich die Wasserqualität spürbar und das Wasser war in der Lage, einen sehr schönen Kristall zu formen!

Wasser ist also ein Informationsträger und kann programmiert werden. Mit Klängen, geschriebenen Worten, Emotionen oder Bildern.

Es ist beinahe lebendig, indem es sich in verschiedene Aggregatzustände verwandelt und Informationen aufnimmt und wieder abgibt.

Worauf es allerdings hierbei ankommt ist die Tatsache, dass Wasser auf Schwingungen reagiert. Genauso wie wir und alle anderen Lebewesen auf Schwingungen reagieren und uns unserer Umgebung anpassen. Vielleicht ist es ja das Wasser in uns das unsere Frequenzen hält und Resonanzen erzeugt. Wer weiß? Wenn es Sie interessiert, können Sie mehr darüber lesen in Dr. Emotos Buch »Die Botschaft des Wassers« und anderen Titeln, die er verfasst hat.

Legen wir aber dieses Wissen wieder einmal auf unseren Alltag um:

Zuallererst, was Sie bereits wissen, wir bestehen zu über 70 % aus Wasser. Unsere Lebensmittel bestehen zu einem großen Teil aus Wasser. Wir trinken (oder sollten) bis zu 4 Liter jeden Tag und wir duschen, baden und schwimmen im Wasser. Wasser ist überall in uns und um uns herum, wir können ohne es nicht leben und die Welt wäre nicht für uns bewohnbar ohne das kühle Nass.

Hier ist noch ein kleines »mind cookie« für Sie: Alles Wasser, das in diesem Moment auf der Erde existiert, ist alles Wasser, das jemals auf unserem Planeten war oder sein wird. Wasser vergeht nicht und verschwindet nicht von der Erde. Es wird nicht mehr und nicht weniger. In anderen Worten, was bei Ihnen aus der Leitung kommt, ist bereits mehrere Milliarden Jahre alt und war schon in allen möglichen Ozeanen, Seen, Pflanzen, Tieren und Menschen, bevor Sie es voller Genuss wieder aufnehmen.

In unseren Breitengraden ist Grander Wasser sehr bekannt und es gibt viele Berichte, wie eine kleine Menge von informationstragendem Grander Wasser Teiche wiederbeleben kann, Pflanzen besser wachsen lässt und mit großer Wohltat von Mensch und Tier genossen wird.

Das heilende Wasser von Lourdes oder die besonderen Quellen, die wir in unseren Breiten aus dem Volksmund kennen, sowie das Wissen von heiligen Quellen überall auf der Welt, das uns bekannt ist, können als weitere Beispiele für Wasser-Programmierung herangezogen werden.

Wenn wir also Wasser mit Worten, Schwingungen und Emotionen beeinflussen können, dann könnten wir ja diese Eigenschaften uns zunutze machen. Wir könnten zum Beispiel, bevor wir ein Glas Wasser trinken, dieses programmieren. Mit heilenden Worten, oder guten Wünschen. Interessanterweise schmeckt dieses Wasser dann irgendwie auch besser. Versuchen Sie es selbst …

Jetzt legen wir das Ganze einmal auf die Lebensmittelzubereitung um. Die meisten Lebensmittel haben viel Wasser in sich (Mehl zum Beispiel hat immer noch 15 % Wasser) und wir benutzen auch viel Wasser, um zu kochen. Wäre es nicht interessant und logisch, wenn wir dieses Wasser auch programmieren würden? Man muss kein buddhistischer Mönch sein und täglich Mantras aufsagen, um dies zu tun. Alleine der gute Vorsatz und ein wenig Aufmerksamkeit reichen, um dem Wasser und unserer Mahlzeit ein wenig mehr »Kick« zu geben. Vielleicht schalten Sie ja den Fernseher aus und legen eine schöne Musik auf. Lassen Sie das Handy einfach mal liegen und kümmern Sie sich nur ums Kochen. Übrigens hat Dr. Emoto auch die Einflüsse von Mobiltelefon, Computer und Mikrowelle untersucht und die Resultate können Sie sich wahrscheinlich vorstellen.

Eine tolle Idee, um dem Essen mehr Leben einzuhauchen, ist, es wie einen Freund zu behandeln. Respektieren Sie es und führen Sie ruhig ein wenig Smalltalk mit den Kartoffeln oder den Möhren. Muss ja nicht laut sein, aber im Geiste kann es ja genauso Spaß machen. Außerdem können Sie sich damit den Besuch zum Psychiater sparen, wenn Ihre Familie Sie dabei ertappt, wie Sie mit einem Salatkopf eine rege Unterhaltung führen …

Was ich Ihnen hier alles vorschlage, klingt zwar ein wenig weit hergeholt, aber es geht hierbei hauptsächlich um den guten Vorsatz oder die Aufmerksamkeit, die Sie den Lebensmitteln schenken, während Sie Ihre Speisen zubereiten. Probieren Sie es doch mal aus an einem Gericht, das Sie schon oft gekocht haben und servieren Sie es Ihrer Familie. Ob jemand etwas merkt?

Und um Ihnen noch ein kleines Beispiel aus meiner Praxis mit auf den Weg zu geben.

Es wurde mir von einem Lehrer der Mystik nahegelegt, dass ich »die Küche wie einen Tempel behandle« also, keine lauten Worte oder Profanität, kein Ärger oder Zorn und nur Respekt für meine Mitmenschen, die Lebensmittel, und vor allem für die Gäste, die kommen, um von uns gespeist zu werden.

Mein Job veränderte sich insofern, als dass ich nicht mehr die ganze Verantwortung und Last der Welt auf meinen Schultern tragen musste, so wie es mit Küchenchefs oft der Fall ist. Und, anstatt mich auf die kleinen Probleme und ständigen Korrekturen zu konzentrieren, wurde ich zum »Gute Laune«-Advokaten.

Mein Job war es, die Stimmung – oder Frequenz in der Küche hochzuhalten, so dass die Köche ihre Freude in das Essen miteinarbeiteten und in Folge besser kochten, effektiver arbeiteten und glücklicher waren an ihrem Arbeitsplatz.

Als Resultat stieg die Motivation der Mitarbeiter deutlich an, die Qualität des Essens verbesserte sich merklich und die positiven Gäste-Kommentare waren überwältigend. Es gab auch auf einmal keine einzige Beschwerde mehr von sogenanntem »Bali belly« – eine kurzfristige Magenverstimmung, die sehr häufig vorkommt, wenn Touristen aus den westlichen Ländern nach Asien reisen.

Als Resultat also, wurde durch die Veränderung der Stimmung in der Küche, aus einem stressvollem, Ärger getränkten Horror-Arbeitsplatz ein mit kreativen Gestalten, effektiver Zusammenarbeit und geteilten Erfolgen erfüllter Schaffensraum. Und jeder Beteiligte profitierte dabei. Die Mitarbeiter durch das bessere Arbeitsklima und geförderte Kreativität, die Gäste mit den positiv zubereiteten und nahrhaften Gerichten und der Betreiber, indem die Zufriedenheit auf beiden Seiten des Passes zunahm und somit auch die Umsätze deutlich anstiegen.

Lassen Sie sich also einmal auf ein Abenteuer ein und egal ob Sie professionell oder privat kochen, geben Sie Ihren Speisen mehr Aufmerksamkeit und den Respekt, den Sie wirklich verdienen!

Viel Spaß beim Ausprobieren dieser »anderen« Art der Ernährung und ich hoffe, Sie werden Ihre Freundschaft mit Mutter Natur und was sie uns anbietet wiederfinden und in vollen Zügen genießen können!

Bon Appétit!

Vita Martin Büchele

Aufgewachsen in den österreichischen Alpen als Sohn einer Gastgewerbefamilie, entdeckte er schon früh seine Liebe fürs Kochen. Nach mehreren Stationen in Österreich, Deutschland, der Schweiz und Irland überquerte er den Ozean, um in Kanada, im renommierten Chateau Lake Louise, seine erste Rolle als Küchenchef anzunehmen. Daraufhin wechselte er dramatisch das Klima, indem er eine Stelle im luxuriösen Fairmont Dubai antrat. Nach einigen Jahren zog es ihn noch weiter in den Süden und er übernahm die Küchen-Organisation im Ritz-Carlton Hotel, Kuala Lumpur, von wo aus er seine Entscheidung traf, mit der konventionellen Küche Schluss zu machen.

Nur mit einem Rucksack bestückt, reiste er durch ganz Südostasien und kam schlussendlich in einem buddhistischen Kloster in den Bergen des nepalesischen Himalayas zur Ruhe, wo er einige Monate verbrachte, um Meditation und buddhistische Lehren zu studieren. Dort war es auch, wo er erkannte, dass die Energie, die um uns und durch uns wirkt, beeinflusst werden kann, und vor allem in der Zubereitung von Getränken und Speisen einen sehr großen Einfluss ausübt.

Nachdem er diese theoretischen Erkenntnisse nun in die Praxis umsetzen wollte, übernahm er die F&B-Leitung in einem Spa Resort im Norden der Insel Bali und nutzte dieses ruhige und friedliche Umfeld, um seine Theorien zu testen und zu verfeinern.

Das Projekt wurde mit großem Erfolg gesegnet, und inzwischen ist es zu seiner Hauptaufgabe geworden, mit seinem Wissen der internationalen Gastronomie zu einem Umdenken in Bezug auf die Verwendung von Lebensmitteln zu verhelfen und den Umgang mit Mitarbeitern und Gästen zu vermitteln.

Er lebt weiterhin auf Bali, wo er eine Consulting Firma betreibt, die sich auf Bewusste Gastronomie und Hotellerie spezialisiert hat.

Wenn Sie mehr über Martins Arbeit erfahren möchten, können Sie weitere Informationen und Kontakt unter www.joy-kitchen.com finden.

http://www.shiftfrequency.com/arigato-dr-masaru-emoto/

»Lernt das Wasser richtig kennen, und es wird euch stets ein verlässlicher Freund sein.«

Sebastian Anton Kneipp (* 17. Mai 1821 in Stephansried; † 17. Juni 1897 in Wörishofen) war ein bayerischer Priester und Hydrotherapeut. Er ist der Namensgeber der Kneipp-Medizin und der Wasserkur mit Wassertreten.

Und wenn ihr mit den Zähnen einen Apfel zermalmt, sagt in eurem Herzen zu ihm:
Deine Samen werden in meinem Körper leben, und die Knospen deines Morgens werden in meinem Herzen blühen, und dein Duft wird mein Atem sein, und zusammen werden wir uns aller Jahreszeiten erfreuen.

Khalil Gibran (* 6. Januar 1883 in Bischarri, Osmanisches Reich, heute Libanon; † 10. April 1931 in New York City) war ein libanesisch-amerikanischer Maler, Philosoph und Dichter.

Thomas Frankenbach – Der Körper spricht immer!

Warum unsere Körperintelligenz unser wichtigster Ernährungsberater ist, und wie wir lernen können, die Signale des Körpers wieder klarer zu verstehen.

Von Geburt an

Wussten Sie, dass ein gesundes, normalgewichtiges Baby sich nicht überessen kann? Von Geburt an weiß jeder Mensch aufgrund seiner Körperintelligenz, wann er hungrig ist und wann satt. Wenn ein gesundes Baby gesättigt ist, hört es auf zu trinken oder zu essen. Wenn es genug hat, wendet es den Kopf von der Mutterbrust ab und lässt sich auch nicht zwingen, sein Fläschchen leer zu trinken. Dieses wundervolle Beispiel zeigt klar, dass es bestimmte biologische Sensoren in uns gibt, die regeln, wie viel und was wir essen sollten, um versorgt, leistungsfähig und konzentriert zu sein. Eine Urbegabung also, die jedem Menschen zur Verfügung steht, die jedoch den meisten Menschen in unserer Welt schon ab dem Grundschulalter aufgrund Erziehung, Reiztechnologie und einer überhasteten Lebensweise verloren geht und die Menschen sie deshalb nicht mehr einzusetzen wissen. Die Folgen sind häufig Fehlernährung, Gewichtsprobleme oder Unverträglichkeitsreaktionen. Für all die Menschen, die lernen, diese Urbegabung wiederzuerlangen, ist das eine der größten Chancen auf Lebenskraft und Wohlbefinden überhaupt; körperlich wie seelisch.

Heute weiß ich, dass das Thema Körperintelligenz das Leben von vielen meiner Klienten wirklich grundlegend verbessert hat.

Viele konnten so endlich mit Leichtigkeit, Frische und einer tief gefühlten Sicherheit eine Ernährungs- und Lebensweise für sich finden, die wirklich zu ihnen passt. Viele von ihnen haben so, nach Jahren nutzloser Diäten und Ernährungstrends, endlich ihr individuelles Idealgewicht erreicht und auch gehalten, aber auch gesundheitliche Einschränkungen durch eine vorangegangene falsche Ernährung überwunden.

Doch diese Gewissheit hatte ich trotz meiner Tätigkeit als ernährungswissenschaftlicher Leiter der entsprechenden Fachabteilung einer Rehaklinik nicht immer. Auf der Suche nach Antworten auf meine Fragen machte ich vor einigen Jahren eine spannende Entdeckung, die auch für viele andere Menschen lebensverändernd sein sollte.

Faszinierende Körpersignale

Vor gut zehn Jahren begann ich, mich im Rahmen eines psychologischen Studiums und meiner psychotherapeutischen Ausbildung mit einem Phänomen zu beschäftigen, das mich schon länger interessierte. Dabei handelte es sich – obgleich in unserer modernen westlichen Welt kaum beachtet – um eine der ältesten Intelligenzleistungen des Menschen überhaupt: Es nennt sich die *Somatische Intelligenz*, die Intelligenz des Körpers. Auf unser Essen und Trinken bezogen besteht diese in der Fähigkeit unseres Organismus, uns durch ganz spezielle Signale zu zeigen, welche Nahrung uns guttut und welche nicht. Das betrifft immer die Auswahl unserer Nahrung, wie auch die Menge von dem, was wir tagtäglich so alles zu uns nehmen.

Ich begann mit meinen Recherchen, erkundigte mich bei Psychologen, Hirnforschern und Neurowissenschaftlern und suchte nach Möglichkeiten, wie man diese in uns verschütt gegangene Fähigkeit der *Somatischen Intelligenz* – des Sich-Spürens im eigenen Körper – für uns »moderne Menschen« wiederbeleben könnte.

Nach und nach entwickelte und erprobte ich die Methode, die unter anderem aus praktischen Körperübungen, Meditationen und elementarem Wissen um unser Nervensystem besteht, über mehrere Jahre hin und begann die Methode auch in die Arbeit mit meinen Klienten einzubauen. Und das Überraschende geschah: Ich stellte fest, dass diese Methode tatsächlich funktionierte: Je mehr meine Klienten ihre Wahrnehmung für die Signale ihres Körpers sensibilisierten, desto passgenauer entwickelte sich auch ihre Art, sich zu ernähren. Das alles ergab sich ohne »gute Vorsätze«, Diätpläne oder sonstige äußere Einschränkungen. Vor allem aber *ohne* Rückfälle in alte ungünstige Ernährungsmuster, wie sie bei den meisten Diäten ja leider an der Tagesordnung sind.

Der Körper ist Wahrheit

Über Jahre hinweg habe ich diesen Weg zur Schulung der Eigenwahrnehmung rund um Ernährung sowohl forschend als auch in meiner klinischen Arbeit zusammen mit meinen Klienten und Patienten weiterentwickelt. Natürlich bin ich in dieser Zeit auch vielen Zweiflern begegnet. Jedoch gab es niemanden, der nicht von meiner Methode überzeugt war, nachdem er sie mit mir in einigen Stunden eingeübt hatte. Ihre hochwirksame Essenz bildet die Grundlage meiner Seminare, Workshops und seit neuestem auch meiner Ausbildung zum Trainer für Somatische Intelligenz.

Das gesamte Programm – ich nenne es kurz *SI (Somatische Intelligenz)* – habe ich für alle Interessierten so konzipiert, dass sie vom ersten Moment an ihr Körpergefühl entwickeln können.

Es wird ihre persönliche Selbsterfahrung sein, die es ihnen ermöglicht, sich in Sachen Ernährung und dem Erreichen ihrer individuellen Idealfigur eigenständig und mit wachsendem Selbstbewusstsein weiterzuentwickeln.

Das Programm *Somatische Intelligenz* schult und unterstützt die Eigenwahrnehmung Ihres Körpers in Bezug auf Ihre Ernährung, zugleich beeinflusst die *Somatische Intelligenz* aber auch die innere Haltung sich selbst und der Welt gegenüber, die nicht nur beim Essen eine zentrale Rolle spielt, sondern die Sie zugleich für mehr Lebenskraft in alle weiteren Bereiche Ihres Lebens übertragen können.

Fünf elementare Schritte

Das Programm, mit dem Sie Ihre *Somatische Intelligenz* nutzen lernen, habe ich in fünf Schritten zusammengefasst. Jeder Schritt ist dabei ein Teil des Ganzen. Das heißt, erst in Kombination mit den anderen kann jeder einzelne Schritt seine volle Wirkung entfalten. Diese fünf Schritte sind:

1. **SI-Basis-Knowhow:** Kompakt, eingängig und praxisbezogen erlangen Sie elementares Wissen rund um Ihre Körperintelligenz.
2. **Zur Ruhe kommen:** Denn je besonnener wir sind, desto besser können unsere intuitiven Begabungen wirken.
3. **Einen liebevollen, wertschätzenden Umgang mit sich selbst üben:** Er ist die Voraussetzung dafür, dass unser Organismus sich natürlich von selbst reguliert und harmonisiert.
4. **Eigenwahrnehmung entwickeln:** So werden wir wieder empfänglich für die Signale, die uns der Körper leise, aber unentwegt sendet.

5. **Praktische Warenkunde:** Erfahren Sie fundiert, worauf es sich abseits von zweifelhaften, schablonenartigen Diät- und Kostempfehlungen beim Essen wirklich zu achten lohnt.

Die *Somatische Intelligenz* besitzt jeder Mensch! Bei den meisten von uns schlummert sie allerdings ein Leben lang vor sich hin, ohne wirklich den Stellenwert zu bekommen, der ihr eigentlich gebührt.

Und so lade ich Sie von Herzen ein, sich auf eine Reise zu sich selbst und zu Ihren Bedürfnissen zu begeben, und Ihre ganz individuelle Körperintelligenz wohlbegleitet näher und tiefer kennen und schätzen zu lernen. Denn jeder Mensch ist anders. Zwar mögen manche Diäten und Ernährungsphilosophien hin und wieder logisch und verführerisch einfach klingen; die Gefahr ist jedoch groß, dass man auf diesen Wegen unterwegs scheitert und am Ende umso frustrierter ist, weil man einfach nicht gelernt hat, auf sich selbst zu hören.

Kleine Impulse – starke Wirkung

Sie werden davon begeistert sein, wie wenig Aufwand die Methode und die Übungen von SI erfordern und wie wirksam sie Ihnen dabei helfen, Ihr eigenes, individuell passendes Maß zu finden und sich wohl in Ihrem Körper zu fühlen. Denn oft bringen kleine, gekonnt und präzise gesetzte Impulse beim Üben die stärkste Wirkung. Sie werden in jeder Ernährungsfrage, die sich Ihnen stellt, sicher unterscheiden lernen zwischen dem, was Sie gerade unbedingt wollen, und dem, was Sie wirklich brauchen. Und Sie werden schnell den wahren, alles entscheidenden Faktor spüren lernen, wenn es um Ihr Gewicht und Ihre Ernährung geht: die Weisheit Ihres Körpers. Denn der Körper spricht immer. Und ihm wieder jenes Gehör zu schenken, das ihm gebührt, können wir auf wundervolle Weise wieder lernen.

Herzlichst
Ihr Thomas Frankenbach

Wie gewinnen wir unsere somatische Intelligenz zurück? 5 Fragen an Thomas Frankenbach

Thomas Frankenbach, haben wir es wirklich verlernt, auf unsere innere Stimme hören?

Leider ja, in vielen Fällen. Und das hat verschiedene, auch historische Gründe. Mit der Zeit haben wir Deutschen ein ganz anderes Körperbild entwickelt als viele andere Kulturen und Naturvölker – oder vielleicht sollten wir besser sagen: ein anderes Selbstbild. Wir blicken heute auf Jahrtausende der Integration anderer Kulturen zurück, was uns stark bereichert hat. Aber auch auf Epochen drastischer Militarisierung, Industrialisierung und Technisierung. Den Sinn für das Lebendige und seine Bedürfnisse haben wir dadurch ein Stück weit verloren. Schon seit der Zeit von Karl dem Großen gehören auch militärische Tugenden wie bedingungslose Unterordnung und Disziplin zu den prägnanten Grundfesten unserer Mentalität. Das spiegelt sich auch beim Essen wider: So sind viele von uns mit Sätzen aufgewachsen wie: »Der Teller wird leer gegessen, egal, ob du schon satt bist!«, »Du hast zu essen, was alle essen!«, »Nimm dich nicht so wichtig!« oder »Solange du deine Füße unter meinen Tisch streckst …!«. Viele haben so schon früh gelernt, im Äußeren Haltung anzunehmen und dafür die innere Haltung und den Sinn für die eigenen Bedürfnisse zu opfern. Denn das sind Sätze, die unsere innere Wahrheit zum Verstummen bringen. Und drittens sind wir heute unfassbar vielen medialen Außenreizen ausgesetzt: Handy, Internet, TV, Radio, soziale Netzwerke. Je höher die Dichte an Außenreizen, desto weniger spüren wir unsere inneren Impulse, unsere Gefühle und die Signale des Körpers.

Hat der Körper immer recht?

Der Körper spricht immer. Er meldet uns über Gefühle, Emotionen und andere Signale, was er braucht, was ihm bekommt oder was ihm unverträglich ist. Auch beim Essen. Der Nervenarzt Fritz Perls hat einmal gesagt: »Der Körper ist Wahrheit.« Ein starker, aussagekräftiger Satz. Für jedes Individuum sollte also die Botschaft des eigenen Körpers die Richtlinie für seine Ernährung sein, nicht der neueste Ernährungstrend. Wir sind nun mal nicht alle gleich. Was dem einen guttut, kann dem anderen durchaus schaden. Bei uns im Westen gerät jede Ernährungsform gleich zu etwas allgemein Gültigem. Ohne Ausnahmen. Manchmal erinnert mich das an den für uns heute befremdlichen Aberglauben im Mittelalter, der ganz wesentlich aus Angst und Unwissenheit entstand. Nur dass sich die Vertreter des heutigen Aberglaubens offensichtlich häufiger in Diät-Schablonen und Ernährungsvorstellungen verbeißen.

Was kann man in Ihren Seminaren lernen?

Wer einen meiner Vorträge oder Workshops besucht, erlebt eine völlig neue Form der Ernährungsberatung und des Lebens mit Essen. Dabei geht es zuallererst darum, mit einfachen Übungen einen Zugang zum eigenen Körper wiederzuentdecken, und darum, die alles entscheidende Frage »Was will ich?« und »Was brauche ich in meinem Leben?« zu beantworten. Die sind ja nicht zwingend deckungsgleich. Aber es geht auch um die Vermittlung von Wissen: über unser Nervensystem oder unsere angeborene

Fähigkeit zur Körperintelligenz, die ich »Somatische Intelligenz« nenne. Und schlussendlich gibt es eine ordentliche Prise Warenkunde und Selbsterfahrung: Wir gehen in den Lebensmittelhandel und üben uns darin, unsere Instinkte in Sachen Nahrung auch beim Einkauf wieder praktisch anzuwenden.

Wie kann ich nun ganz praktisch meine Körperintelligenz wieder gewinnen?

Indem ich vor dem Essen, wenn es schon vor mir steht, innehalte. Mich mit meinen Sinnen auf das Essen einstelle. Wie riecht es? Spricht mich der Geruch an? Wie fühle ich mich, wenn ich es anschaue, mich darauf einlasse? So wie es Generationen vor uns zum Tischgebet gemacht haben.

Oder Sie ziehen sich, nachdem Sie gegessen haben, für ein paar Minuten zurück, schließen die Augen und widmen sich dann besonnen und in Stille den folgenden Fragen: Wie groß war meine Lust auf das, was ich gerade gegessen habe? Wie war der Geruch? War er mir angenehm? Hat mich der Geschmack angesprochen? Wie bekommt mir gerade mein Essen im Bauch? Wie ist meine Stimmung? Wer sich dieser Übung ein paar Mal hingibt, wird schnell merken, wie er von Mal zu Mal feinfühliger für den Körper wird.

Achtsamkeits-Training beim Essen also?

Auch, ja. Und doch noch viel mehr. Denn wir leben in einer christlich geprägten Kultur, und gemäß dem Motto »Starkes Ich – Starkes Wir« geht es bei uns traditionell darum, sich individuell zu entdecken und zu entwickeln. Eine andere wesentliche Grundlage meiner Arbeit bilden die Ideen der humanistischen Psychologie und der Tiefenpsychologie. Auch sie bieten wundervolle Wege, die eigenen Bedürfnisse besser kennen, achten und wertschätzen zu lernen.

Vita – Thomas Frankenbach

Aufbauend auf seinem Verständnis vom Menschen als einer Leib-Seele-Einheit, ist Thomas Frankenbach der Begründer der Somatische Intelligenz(SI)-Methode, einem speziellen Programm, um Menschen wieder besonnen an ihr Körpergefühl und an ihre Körperintelligenz beim Essen heranzuführen. Thomas Frankenbach ist Karate-Meister und berät mit seinem gestalt- und körperpsychotherapeutischen Ansatz weltweit Spitzensportler und Führungskräfte in Körperwahrnehmung, Körperintelligenz und Körpersprache. Er hat Ernährungswissenschaften sowie Psychosoziale und Integrative Gesundheitswissenschaften studiert und leitet den Fachbereich Ernährung und Bewegung in einer Klinik für Verhaltensmedizin. Dem von ihm entwickelten Ausbildungsgang zum zertifizierten Berater für Somatische Intelligenz/SI-Trainer betreut er als Wissenschaftlicher Leiter und Lehrer. IG-FÜR-Mitglied ist er seit 2005. Zu den Themen Körperintelligenz und Körpersprache hat Thomas Frankenbach mehrere Bücher geschrieben. Weitere Informationen unter www.thomas-frankenbach.de und www.si-ausbildung.de

»Ich begann zu erkennen, dass intuitives Verständnis und Bewusstsein bedeutungsvoller waren als abstraktes Denken und intellektuelle logische Analyse.«

Steven »Steve« Paul Jobs (* 24. Februar 1955 in San Francisco, Kalifornien; † 5. Oktober 2011 in Palo Alto, Kalifornien) war ein US-amerikanischer Unternehmer. Als Mitgründer und langjähriger CEO von Apple Inc. gilt er als eine der bekanntesten Persönlichkeiten der Computerindustrie.

Dr. rer. physiol. Judith Gutberlet – Anti-Krebs-Ernährung, epigenetische Begründung einer gesunden Ernährung

Liebe Leserinnen und Leser, ich möchte Ihnen in meinem Beitrag zeigen, dass wir weder unserem Schicksal noch unseren Genen ausgeliefert sind, an bestimmten Krankheiten zu erkranken.

Die Ursachen, die Art von Krankheiten und die Todesursachen haben sich in den letzten 200 Jahren durch die veränderten Lebensverhältnisse stark verändert.

Im 18. Jahrhundert waren Infektionskrankheiten die häufigste Todesursache. Noch 1870 starb jedes dritte Kind vor seinem ersten, jedes zehnte vor seinem fünften Geburtstag. Grund dafür waren die schlechten Lebensbedingungen: häufiger Mangel an Nahrung und frischem Trinkwasser, schlechte Wohnverhältnisse und Hygiene.

Im 19. Jahrhundert änderten sich im Zuge der Industrialisierung die Lebensbedingungen der Menschen in Europa. Die Versorgung mit Lebensmitteln wurde besser und Wohnräume wurden komfortabler, warm und trocken, so dass die Menschen widerstandsfähiger wurden. Die hygienischen Verhältnisse besserten sich, Abwässer wurden kanalisiert und gereinigt. Dadurch sank die Gefahr der Ansteckung. Auch die medizinische Versorgung besserte sich gegen Ende des 19. Jahrhunderts, so dass heute der Tod vor dem 60. Lebensjahr in den Industrienationen Westeuropas, Asiens und Nordamerikas sehr selten geworden ist. Infektionskrankheiten haben hier stark an Bedeutung verloren, wohingegen sie in den Entwicklungsländern weiterhin die zweithäufigste Todesursache nach den Herz-Kreislauf-Erkrankungen darstellen. Die Haupttodesursache in den Industriestaaten bilden jetzt die so genannten Zivilisationserkrankungen: Herzinfarkt, Schlaganfall und Krebs. Für fast 50 % der Todesfälle sind

Herz-Kreislauf-Erkrankungen verantwortlich, die zweithäufigste Todesursache sind Krebserkrankungen mit mehr als 20 %.[1] Die Ursache für den Anstieg dieser Krankheiten sagt schon der Name »Zivilisationserkrankungen«: Es ist der moderne Lebensstil, d.h. die veränderten industriell produzierten Lebensmittel, Essgewohnheiten, Bewegungsmangel, stresserfüllter Alltag, Ablenkung, Verlust einer spirituellen Bindung und soziale Verarmung. Wenn wir gesund alt werden wollen, müssen wir also unsere Risikofaktoren für Herz-Kreislauf-Erkrankungen und Krebs reduzieren. Die Ernährung spielt dabei eine enorm wichtige Rolle, wie Sie gleich sehen werden.

Wenn man Menschen fragt, was die Risikofaktoren für eine Krebsentstehung sind, so werden viele antworten: »Das ist Veranlagung, es liegt an den Genen.« Pestizide werden dafür verantwortlich gemacht, denen man im Alltag und bei der Arbeit ausgesetzt ist, UV-Strahlen und natürlich ist uns allen bewusst, dass Rauchen einen großen Risikofaktor darstellt. Tatsächlich entstehen 30 % aller Krebse durch Rauchen, aber moderne Untersuchungen zeigen, dass nur 15 % durch Gendefekte verursacht und somit erblich sind. 30 % entstehen wegen schlechter Ernährung, dazu kommen 3 % wegen Alkohol und 5 % durch Übergewicht und Bewegungsmangel. Somit haben Faktoren, die mit der Ernährung zusammenhängen, mit 38 % einen größeren Anteil an den Ursachen für Krebsentstehung als das Rauchen. Umweltverschmutzung macht 2 % aus, Drogen 2 %, UV-Strahlen 2 %, Infektionen 5 % und berufsbedingte Risiken 5 %. Folglich haben die Faktoren, die sich unserer Kontrolle entziehen, insgesamt nur einen Anteil von 30 %. Alle anderen Faktoren haben unmittelbar mit unserer Lebensweise zu tun und sind somit von uns beeinflussbar, sowohl in der Prävention als auch

---

[1] Berlin-Institut für Bevölkerung und Entwicklung, Sterblichkeit und Todesursachen, Steffen Kröhnert und Margret Karsch.

in der Therapie und beim Verhindern eines Rezidives (lat. recidere = zurückfallen).

Es wurde gezeigt, dass eineiige Zwillinge oft ein unterschiedliches Risiko haben, an bestimmten Krankheiten zu erkranken und auch dafür Krebs zu entwickeln. Mittlerweile wissen wir, dass abhängig vom Lebensstil Veränderungen an unserem Erbgut stattfinden. Dieser »Stempel des Lebensstils« – man nennt ihn Epigenom – unterscheidet sich bei eineiigen Zwillingen, denn er entsteht während des Lebens und wird durch die Lebensverhältnisse geprägt.[2]

Die Ergebnisse einer dänische Studie an über 1000 Adoptivkindern unterstützen die Aussage, dass erbliche Faktoren nur einen geringen Beitrag zur Entstehung von Krebs leisten und die Hauptursache in Lebensstilfaktoren zu suchen ist. Sie zeigte, dass Adoptivkinder ein ähnliches Krebsrisiko entwickeln wie ihre Adoptiveltern, nicht wie das der leiblichen Eltern. Die Lebensgewohnheiten der Adoptiveltern scheinen das Krebs-Risiko der Adoptivkinder also mehr zu beeinflussen als die Gene der biologischen Eltern.[3]

Ich möchte Ihnen jetzt aufzeigen, wie Sie diesen »Stempel des Lebensstils«, das Epigenom, positiv beeinflussen können.

Dazu muss ich zunächst erklären, was dieses Epigenom eigentlich ist. Um das zu klären, beginne ich beim Genom. Im Genom, der Gesamtheit unserer Gene, ist unsere Erbinformation gespeichert. Seit der Mitte des letzten Jahrhunderts ist die chemische Struktur des Erbgutes bekannt. Sie wird folgendermaßen defi-

---

2   Lichtenstein P., Holm N.V., Verkasalo P.K. et al. (2000), Environmental and heritable factors in the causation of cancer – analyses of cohorts of twins from Sweden, Denmark and Finland. New England Journal of Medicine 343 (2): 78-85.
3   Sorensen T.I.A., Nielsen G.G., Andersen P.K., Teasdale T.W. (1988), Genetic and environmental influences on premature death in adult adoptees. New England Journal of Medicine 318: 727-732.

niert: »Die Desoxyribonukleinsäure (DNA) ist ein sehr großes Molekül, das als Träger der Erbinformation dient. Anhand dieser Information werden Proteine produziert.« Die Gensequenz bestimmt also das Aussehen und die Funktion von Proteinen (Eiweiße). Ist ein Gen defekt (z.B. durch eine Mutation), so kann ein Protein nicht mehr gebildet werden oder es kann seine Funktion nicht ausüben.

Im Human Genome Projekt zwischen 1990 und 2001 wurde das gesamte Genom des Menschen entschlüsselt und wir dachten: dann verstehen wir alles. Natürlich hat man gehofft, den entscheidenden Unterschied zu finden, der den Menschen über alle anderen Lebewesen heraushebt. Stattdessen haben Sequenzvergleiche gezeigt, wie gering die Unterschiede zwischen Mensch und Fadenwurm sind. Für 80 % der Maus-Proteine findet man menschliche Gegenstücke, mindestens 95 % des Schimpansengenoms können menschlichen Sequenzen direkt zugeordnet werden. Auch – so weiß man heute – trifft die Vorstellung, dass Gene die Bauanleitung für Proteine liefern, nur auf 1,5–4 % des Erbguts zu. 52 % sind nicht kodierend, 44 % Wiederholungen. Es stellt sich also die Frage, ob das sinnlos ist. Inzwischen steht aber fest, dass das menschliche Genom einen enormen Aufwand mit seiner Selbstkontrolle betreibt, was sehr sinnvoll ist. Im menschlichen Körper gibt es etwa 200 verschiedene Zellarten mit sehr unterschiedlichem Aussehen und verschiedenen Aufgaben: Hautzellen, Muskelzellen, Nervenzellen, Leberzellen etc. Alle Zellarten besitzen dasselbe Genom, aber sie benutzen unterschiedliche Teile davon. Diese Regulation geschieht durch epigenetische Veränderungen am Genom. Die Epigenetik ist auch beteiligt bei der normalen embryonalen Entwicklung, sie spielt eine Rolle bei der Zellalterung und ist wichtig bei der Krebsentstehung. Der Begriff Epigenetik wurde schon 1942, als die DNA-Struktur noch nicht bekannt war, von dem britischen Entwicklungsbiologen, Paläontologen, Genetiker, Embryologen und Philosophen Conrad Hal Waddington das erste Mal benutzt. »Epi« kommt aus dem Griechischen und bedeutet »oben drauf«, also über der Genetik liegend. Epigenetik bezeichnet regulatorische Mechanismen, die die Aktivität von Genen beeinflussen. Die moderne Epigenetik gibt es aber erst seit einem guten Jahrzehnt. Wir kennen heute drei verschiedene epigenetische Mechanismen, bei denen die DNA oder mit ihr assoziierte Proteine chemisch verändert werden.

1) Methylierung: So kann ein Gen ausgeschaltet werden. Das Methylierungsmuster unterscheidet sich in jeder unserer 200 menschlichen Zellarten.
2) Histon-Veränderung: Der Zustand der Histone zeigt an, was an dieser Stelle des Genoms passieren soll.
3) RNA-Interferenz: Damit können Zellen die Bildung von Proteinen noch im letzten Moment stoppen. Für die Entdeckung bzw. Beschreibung dieses Mechanismus bekamen Andrew Fire und Craig Mellow 2006 den Nobelpreis der Medizin.

Der Effekt von epigenetischen Veränderungen ist, dass Gene an- oder abgeschaltet werden können. Dabei ist das Gen nicht mutiert, sondern es wird nur nicht benutzt – ist inaktiv – kann aber wieder angeschaltet – aktiviert – werden.

Zwei bemerkenswerte Tatsachen gibt es dabei:

Erstens werden epigenetische Veränderungen bei der Zellteilung weitervererbt: Die Tochterzelle einer Hautzelle ist wieder eine Hautzelle. Unter bestimmten Umständen können diese epigenetischen Veränderungen sogar an die nächste Generation vererbt werden. Es gibt besonders sensible Phasen epigenetischer Prägung, und zwar die embryonale Entwicklung, in der der Lebensstil der Mutter während der Schwangerschaft sich auf die Gesundheit des Kindes auswirken kann, die frühkindliche Entwicklung, in der Zuwendung, Ernährung oder Stressfaktoren eine Rolle spielen, und die Jugend.

Zweitens ist der Prozess der epigenetischen Veränderung reversibel, anders als genetische Mutationen, durch die ein Gen irreversibel zerstört wird.

Es gibt bis zu 300.000 epigenetische Schalter pro Zelle. Als Epigenom wird die Gesamtheit aller epigenetischen Veränderungen bezeichnet.

Durch die Epigenetik sind Gene schnell schaltbar.

Was reguliert jetzt also epigenetische Veränderungen, den »Stempel des Lebensstils«?

Es sind die Ernährung, Lebensumstände, sozialen Kontakte und Umweltfaktoren, die z.B. epigenetische Veränderungen veranlassen. Zu den unterschiedlichen Faktoren, die auf unser Epigenom wirken, gibt es viele verschiedene Studien. Ich erwähne nur zwei eindrückliche Beispiele, die die Bedeutung der Ernährung bei der Steuerung unserer Gene zeigen.

Bei den Bienen werden z.B. diejenigen, die Königinnen werden sollen, mit Gelee Royale gefüttert. Dieser hat starken Einfluss auf das Epigenom. Im Gehirn allein wird die Aktivität von mehr als 500 Genen beeinflusst. So wird aus der Larve keine sterile Arbeiterin, sondern eine fortpflanzungsfähige Königin. Die Ernährung prägt also das Epigenom, und das entscheidet über das Schicksal der Larve.[4]

Das Paradebeispiel für epigenetische Veränderungen, die durch Nahrung induziert werden, sind die gelbe und die braune Agouti-Maus. Die gelben Agouti-Mäuse haben Veranlagungen zum Dickwerden, für Krebs und Diabetes. In einem Versuch bekamen trächtige Weibchen ein sehr mineral- und vitaminreiches Spezialfutter. Die Kinder waren braun und schlank und blieben gesund. Das kranke Gen war noch da, es war aber abgeschaltet.[5]

---

4   Königin oder Arbeiterin? Epigenetik entscheidet, DNA-Methylierung, S. Weiß, R. Gilsbach, L. Hein, biospektrum 03/09, 282-284.
5   Randy Jirtle, University of Wisconsin-Madison, Dtsch Ärztebl 2012; 109(40): A-1986 / B-1614 / C-1586.

Die Ernährung veranlasst also epigenetische Veränderungen an unseren Genen, was wiederum Auswirkungen auf unsere Gesundheit hat.

In menschlichen Tumoren sind ca. 8 % des Genoms mutiert, das sind 2000–3000 Gene. Aber über 140.000 Regionen sind epigenetisch an- oder abgeschaltet[6]. Epigenetische Veränderungen sind also wesentlich häufiger als Mutationen. Dazu kommt die faszinierende Tatsache, dass die Muster der DNA-Veränderung nicht zufällig sind, sondern Tumortyp-spezifisch. Aus dem Schaltmuster der DNA kann geschlossen werden, um welchen Krebs es sich handelt (z.B. Brustkrebs oder Prostatakrebs).[7]

Krebs entsteht, wenn Gene mutieren oder fehlreguliert werden, die normalerweise für die Regulation der Vermehrung oder die Initiation des Zelltodes zuständig sind. Onkogene sind Gene, die das Zellwachstum fördern, sie werden durch eine Mutation übermäßig aktiviert. Tumor-Suppressor-Gene sind Gene, die das Zellwachstum bremsen, sie können inaktiviert oder durch eine Mutation zerstört werden. Dann werden Zellen nicht mehr in ihrem Wachstum gebremst und vermehren sich unkontrolliert.

Als sich vor 600 Mio. Jahren einzelne Zellen zu Zellverbänden zusammenschlossen, mussten sich die einzelnen Zellen dem Gesamtorganismus unterwerfen. Neue Regeln entstanden: Eine Zelle darf sich nur noch vermehren, um eine tote oder beschädigte Zelle zu ersetzen, und eine Zelle, die dem Gesamtorganismus schaden würde, muss Selbstmord begehen (Apoptose). Wenn Zellen diese Regeln brechen, kann es zu unkontrolliertem Wachstum kommen. Damit das aber nicht passiert, gibt es ein ausgefeiltes Sicherungssystem. Deshalb reicht auch nicht eine einzige Muta-

---

6 Vortrag »Epigenetik und Krebs – vom Ein- und Ausschalten der Gene« von Prof. Dr. Christoph Plass anlässlich des 50-jährigen Jubiläums des deutschen Krebs-Forschungszentrums.
7 Castello et al., Nat GEnt. 2000; Weischenfeldt et al. Cancer Cell 20143; Börno et al. Can Discovery, 2012.

tion bzw. eine Fehlregulation aus, damit eine Krebszelle entsteht, sondern es müssen sich viele Mutationen ansammeln, bis eine Zelle sich unkontrolliert teilen kann (s.o. 2000-3000 Mutationen, 140.000 Schalterstellungen).

Die Entstehung von Krebs ist also ein langsamer Prozess. In jedem Menschen entstehen ständig so genannte Mikrotumore. Pathologische Untersuchungen bei einer sehr großen Zahl Verstorbener, die an einer anderen Ursache als Krebs starben, zeigen dies. Es wurde dabei nach klinisch nicht diagnostizierten Mikrotumoren im Gewebe gesucht.

Mikrotumore sind prämaligne (prä gr. = vor) Zellen, die noch keine Krebszellen sind, aber zu welchen werden können. 98 % der Untersuchten wiesen kleine Tumore der Schilddrüse auf, 40 % hatten Prostata-, 33 % Brusttumore, aber nur bei einem Bruchteil war klinisch Krebs festgestellt worden. Ein Vergleich der Biopsien von Menschen asiatischer Abstammung mit Menschen aus der westlichen Bevölkerung zeigte, dass die Anzahl der Zellen, die sich zu Krebszellen entwickeln könnten, exakt gleich hoch war. Aber die Brust- und Prostatakrebsrate in Asien ist um ein Mehrfaches niedriger als in der westlichen Welt. Noch einmal: Die Möglichkeit der Entstehung von Tumoren – die Initiation eines Tumors – ist ein relativ häufiges, zufälliges Ereignis. Ob sich aus diesen Vorstufen ein Tumor entwickeln kann, ist aber abhängig von weiteren Faktoren.

Die veränderten Zellen bleiben also in der Regel in einem schlafenden Zustand und entwickeln sich nicht weiter zu Krebs, weil unser Körper effektive Mechanismen hat, diese Zellen zu kontrollieren, z.B. führen Schäden in der DNA dazu, dass Zellen Selbstmord begehen. Sie können aber auch von unseren Abwehrzellen dazu gebracht werden, sich selbst umzubringen. Die Abwehrzellen zu stärken, ist also wirkungsvolle Krebsbekämpfung. Auch hier gibt es Studien, die die Wirkung von Ernährung, Bewegung, Stress, positiven und negativen Emotionen auf die Abwehrzellen untersucht haben. Die wichtigsten Ergebnisse sind in der Tabelle zusammengefasst:

Hemmend auf die Aktivität der Abwehrzellen wirken	Aktivierend auf die Aktivität der Abwehrzellen wirken
westliche Ernährung (entzündungsfördernd)	»Mittelmeerdiät«, indische oder asiatische Küche
unterdrückte Gefühle	gelebte Gefühle
Stress, Verbitterung, Depression	Ruhe und Gelassenheit
soziale Isolation	Unterstützung durch Freunde und Familie
Verleugnen der eigenen Identität (z.B. Homosexualität)	sich selbst so akzeptieren, wie man ist, mit seinen Wertvorstellungen und der eigenen Geschichte
sitzende Lebensweise	regelmäßige Bewegung

Manchmal müssen Zellen über Jahre bis Jahrzehnte Veränderungen in ihrem Erbgut ansammeln, nur so können nach und nach maligne Eigenschaften entstehen. Deshalb werden selbst Krebserkrankungen, in deren Verlauf schon deutlich eine Zellvermehrung stattgefunden hat, als benigne (gutartig), semimaligne (lat. semi = halb, teilweise) oder maligne (bösartig) eingestuft. Die erste kritische Schwelle ist erreicht, wenn eine Zelle beginnt, sich unkontrolliert zu vermehren, wenn sie auf keine Wachstumssignale mehr angewiesen ist, auf kein Wachstumsstoppsignal mehr hört und den Zelltod verweigert. Dann verhält sie sich wieder wie ihre Vorfahren, die sich als Einzeller alleine durchschlagen mussten. Ab einer bestimmten Tumorgröße (1 mm^3) können die Zellen im Inneren des Mikrotumors aber nicht mehr ausreichend ernährt werden. Um weiter wachsen zu können, müssen die Tumorzellen dafür sorgen, dass Blutgefäße einwachsen und sie ernähren. Sie müssen also durch weitere Veränderungen im Erbgut die Blutgefäße dazu bringen, in das Tumorgewebe einzuwachsen. Zunehmend können sich maligne Eigenschaften entwickeln: Sie beginnen in Nachbargewebe einzudringen und können sich im schlimmsten Fall vom wachsenden Tumor lösen und Metastasen bilden. Das erklärt auch, wie es zu Rezidiven nach Chemotherapie und Bestrahlung kommt: Angenommen 99,9 % der Krebszellen werden abgetötet, so genügt es dennoch, dass eine Einzige überlebt, und sich ein neues Merkmal aneignet, das sie gegen die Behandlung resistent macht, damit ein neuer Tumor entstehen kann.[8]

Wir haben die Möglichkeit in allen diesen Phasen der Tumorentstehung positiv einzugreifen. Zum Beispiel ist der Stoff EGCG (Epi-gallo-catechin-gallat), der im grünen Tee enthalten ist, epigenetisch aktiv. Er verringert den Transkriptionsfaktor NF-kappa-B, dem bei einigen Arten von Krebs eine Rolle zugesprochen wird, weil er verschiedene Gene bei der Immunantwort, Zellvermehrung und beim Zelltod reguliert. Er wird durch Wachstumsfaktoren aktiviert. EGCG bremst eine zu starke Aktivierung. Weitere natürliche Inhibitoren befinden sich neben dem Grünen Tee auch im Knoblauch, Soja, Zwiebel, Apfel, Kurkuma, Ginkgo, Oregano, Thymian, Nelke und Walnuss. Auf einige der genannten Lebensmittel werde ich später wieder zu sprechen kommen. Eine Vielzahl von Nahrungsmitteln liefern Moleküle, die die Entwicklung von Tumoren stören und das oft sogar in einem analogen Wirkungsmechanismus wie Medikamente. Moderne Krebsmedikamente hemmen z.B. das Einwachsen von Blutgefäßen in Tumorgewebe. Apigenin, ein Stoff, der reichlich in Petersilie und Sellerie vorkommt, hat denselben Effekt auf das Wachstum der Blutgefäße. In Experimenten genügen sogar sehr niedrige Kon-

---

8 R. Béliveau, D. Gingras, Krebszellen mögen keine Himbeeren, S.86-88, Goldmann 2005.

zentrationen, die den Werten entsprechen, die man nach dem Verzehr von Petersilie im Blut findet.[9] Ein weiteres Beispiel ist das Genistein aus Soja, ein Isoflavonoid, das eine große Ähnlichkeit zu Östrogen hat, dem weiblichen Geschlechtshormon. Es kann den Platz des Hormons an seiner Zielzelle einnehmen. Östrogen aktiviert Brust- und Uteruszellen zum Wachstum. Genistein kann also die Wirkung des Wachstumshormons Östrogen abschwächen. Genau das ist der Wirkmechanismus des am häufigsten bei hormonabhängigem Brustkrebs eingesetzten Medikaments Tamoxifen. Es besetzt den Östrogen-Rezeptor, ohne das Wachstum der Zellen auszulösen. Es gibt 14 epidemologische Studien, die zeigen, dass die Sojaaufnahme durch Nahrung das Brustkrebsrisiko senkt. Die Mindestverzehrmenge dabei waren 25 mg Isoflavonoide pro Tag, und der Effekt ist wahrscheinlich am größten, wenn die Sojaprodukte vor und während der Pubertät verzehrt werden. Europäer nehmen übrigens weniger als 2 mg Isoflavonoide pro Tag auf, Asiaten mehr als 25 mg/d. Vor Jahren gab es wegen des steigenden Risikos nach der Menopause, Osteoporose oder eine koronare Herzerkrankung zu entwickeln, eine Hormontherapie (Zuführen von Östrogen, das nicht mehr von den Eierstöcken produziert wird). Die Folge war ein Anstieg der Brustkrebserkrankungen um 2,3 %. Beschwerden in der Menopause fallen bei asiatischen Frauen seltener und geringer aus. Nur 14 % der chinesischen Frauen und 25 % der japanischen Frauen leiden darunter, dagegen 70–80 % der westlichen Frauen. Hier gibt es mit Isoflavonoiden angereicherte Präparate freiverkäuflich gegen Wechseljahresbeschwerden. Diese enthalten bis zu 100 mg Isoflavonoide pro Tablette. Das ist nichts anderes als eine Hormontherapie und die Einnahme dieser Präparate ist für Gesunde nicht zu empfehlen. Extrahierte Isoflavonoide führten im Tier-

---

[9] Lamy S. et al. »The dieaty flavonols apigenin and luteolin inhibit PDGF-dependent vascular smooth muscle cell migration«. Cancer Research.

versuch tatsächlich zum schnelleren Wachstum, jedoch zeigte das ganze Nahrungsmittel mit dem gleichen Gehalt an Isoflavonoiden keinerlei Auswirkungen auf das Zellwachstum. Frauen mit Brustkrebs, oder nach einer Brustkrebsbehandlung, müssen also jegliche Nahrungsergänzungsmittel mit Isoflavonoiden vermeiden. Sie sollten auch den Sojakonsum extrem einschränken.

Vergleichen wir die Krebs-Neuerkrankungen pro Jahr in verschiedenen Regionen der Welt, sehen wir, dass die westlichen Industrienationen führend sind. Indien ist eines der Länder mit der niedrigsten Krebsrate. Japan als Industrienation hat (wie China) fast 40 % weniger Neuerkrankungen. Haben Asiaten bessere Gene?

Asiaten haben tatsächlich viel weniger hormonabhängige Krebsarten als die Bevölkerung in den westlichen Industrienationen. Wenn nun aber die Chinesinnen nach Amerika auswandern und so den amerikanischen Lebens- und Ernährungsstil annehmen, steigt die Rate der Neuerkrankungen, d.h. ihr Risiko, an Brustkrebs zu erkranken, nimmt stark zu. Das Krebsrisiko ist also abhängig vom westlichen Lebensstil.

Nahrungsmittel sind gute Quellen für krebshemmende Stoffe. Sie werden deshalb von den Forschern, denen wir viele Erkenntnisse auf diesem Gebiet verdanken, gerne »Nutrazeutika« genannt, die Anwendung: »Nutratherapie«, die Prävention »Nutraprävention«.[10] Lebensmittel können auf folgende Art wirken: Sie stärken unser natürliches Abwehrsystem, sie leiten Kanzerogene aus, inaktivieren sie oder verhindern, dass sie sich zu giftigen Stoffen weiterentwickeln können. Wir essen z.B. traditionell zum Grillen Senf, Knoblauch und Gurken. Diese Lebensmittel schützen uns vor den krebserregenden Nitrosaminen, die beim Grillen entstehen. Des Weiteren stören Bestandteile verschiedener Lebensmittel die Angiogenese (Bildung neuer Blutgefäße für

---

10 Richard Béliveau in »Krebszellen mögen keine Himbeeren«.

Mikrotumore) und sie wirken direkt auf die Tumorzellen, können die Vermehrung verhindern oder den Zelltod wieder aktivieren. Lebensmittel haben zwei Vorteile gegenüber der Chemotherapie: Erstens haben sie keine schädlichen Nebenwirkungen, das wurde in einem Großversuch über Jahrtausende bewiesen. Außerdem muss eine Chemotherapie immer Behandlungspausen haben, in denen sich der Patient von dem Gift erholt. Gleichzeitig erholen sich aber auch die Krebszellen. Der zweite Vorteil ist also, dass keine Behandlungspausen gemacht werden müssen. Es können täglich kleine Mengen krebshemmender Moleküle zugeführt werden. Der Krebsforscher Richard Béliveau ist der Überzeugung, dass das Krebswachstum mit Hilfe von Nahrungsmitteln kontrollierbar ist, d.h. in einem ungefährlichen Stadium gehalten werden kann.[11] 1999 veröffentlichten Forscher aus Stockholm in einem Artikel in »Nature«, einer der renommiertesten wissenschaftlichen Zeitschriften, dass grüner Tee in der Lage ist, die Angiogenes zu blockieren.[12] Mittlerweile gibt es Untersuchungen zu vielen Nahrungsmitteln. Prof. Campbell von der Cornell-University hat in seiner 35-jährigen Forschung über die Rolle der Ernährung bei Krebs herausgefunden, dass das Krebswachstum reversibel ist, je nachdem welche Bedingungen der frühe Mikrotumor vorfindet. Ernährung kann Förderer des Tumorwachstums sein oder es hemmen.

Welche Stoffe in unseren Lebensmitteln sind es nun, die gegen Krebswachstum wirksam sind?

Aus Ernährungsgesichtspunkten werden die Lebensmittel in zwei Kategorien eingeteilt. Die Makronährstoffe: Fett, Eiweiß und Kohlenhydrate und die Mikronährstoffe: Vitamine, Mine-

---

11 R. Béliveau, D. Gingras, Krebszellen mögen keine Himbeeren, S.88, Goldmann 2005.
12 Cao Y., Cao R. (1999) »Angiogenesis inhibited by drinking tea« Nature 398 (6726):381.

ralstoffe, Ballaststoffe und sekundäre Pflanzenstoffe. Eine ausgewogene Ernährung aus Obst und Gemüse mit Tee, etwas Rotwein und dunkler Schokolade enthält 1–2 g sekundäre Pflanzenstoffe, das ist ein Cocktail aus 5000-10.000 verschiedenen Verbindungen. »Sekundär« heißen sie, weil sie als Zweites entdeckt wurden. Wir kennen sie alle aus unserem täglichen Leben, denn sie machen unser Leben bunt. Sie sind verantwortlich für die Farbe unserer Früchte, für deren Geruch und für andere Sinneswahrnehmungen, wie z.B. die Schärfe von Pfeffer oder die zusammenziehende Wirkung von Tee. Bis vor kurzem wurde der positive Einfluss von Obst und Gemüse zur Vorbeugung chronischer Krankheiten vor allem den Vitaminen, Mineralstoffen und Ballaststoffen zugeschrieben. Die Bedeutung der sekundären Pflanzenstoffe ist aber wahrscheinlich noch größer als die der Vitamine. 100 g Apfel enthält 7 mg Vitamin C. Aber mit seinen sekundären Pflanzenstoffen wirkt es so stark antioxidativ wie 1,5 g reines Vitamin C[13]. Das Ganze ist also mehr als die Summe seiner Teile. Es gibt ein weiteres Beispiel für die Bedeutung der sekundären Pflanzenstoffe und dafür, dass das ganze Lebensmittel in seiner Komposition von Molekülen mehr bewirkt als einzelne extrahierte Wirkstoffe: Lycopin ist in der Tomate kombiniert mit einer ganzen Reihe anderer Stoffe. Zu Prostatakrebs neigende Ratten bekamen isoliertes Lycopin oder Tomatenpulver in ihr Futter gemischt. Das Tomatenpulver war viel wirksamer als Lycopin alleine[14]. Keine Untersuchung konnte bisher den Beweis erbringen, dass massive Dosen von Vitaminzusätzen einen Schutz gegen chronische Krankheiten bieten. Der Zusammenhang scheint sogar anders herum zu sein. Beim Verzehr großer Mengen Nahrungsergänzungsmittel steigt

---

13 Eberhard MV, Lee, Liu, »Antioxidant activity of fresh apples« Nature 2000 (405)S. 903-904.
14 Anthony J. Brown, MD »Tomato Powder, Not Lycopene, Inhibits Prostate Cancer in Rats«, J Natl Cancer Inst 2003;95:1563-1565,1578-1586.

das Sterberisiko. Biologisch erzeugte Lebensmittel enthalten mehr sekundäre Pflanzenstoffe und weniger Pestizide.

Die Stoffe, die im Folgenden die Anti-Krebs-Wirkung der genannten Lebensmittel ausmachen, sind allesamt aus der Gruppe der sekundären Pflanzenstoffe.

Im Folgenden erfahren Sie, für welche Lebensmittel eine Anti-Krebs-Wirkung nachgewiesen wurde und erhalten Tipps zur Zubereitung, damit die wirksamen Inhaltsstoffe beim Verzehr noch enthalten sind.

Ich beginne damit, das japanische Paradox »weniger Krebserkrankungen trotz Industrialisierung« aufzulösen: Der starke Konsum von grünem Tee drückt die Krebsstatistik nach unten. Der grüne Tee enthält wie gesagt das Polyphenol ECGC, welches nicht im schwarzen Tee enthalten ist, da die Polyphenole durch die Fermentation zerstört werden. Im entkoffeinierten grünen Tee sind sie aber noch vorhanden. Um möglichst viele Polyphenole im Tee zu lösen, sollte der Tee etwas länger ziehen (5–10 min), dann ist der Polyphenolgehalt 50-mal höher nach einer kurzen Aufgusszeit. Die empfohlene Menge sind 2 g Tee pro Kanne, drei mal 250 ml Tee pro Tag trinken. Innerhalb einer Stunde sollte der Tee getrunken werden, da die Polyphenole danach weniger werden. Im Japan-Sencha wurde ein hoher Gehalt von EGCG im Vergleich zu anderen Sorten Grüntee gemessen.

Ellagsäure ist ein Polyphenol, das in großen Mengen in Himbeeren und Erdbeeren enthalten ist. In Himbeeren sind 90 % in den Kernen gebunden, bei den Erdbeeren 95 % im Fruchtfleisch. Daher ist es wahrscheinlich besser aus Erdbeeren aufzunehmen. Auch Haselnüsse, Walnüsse und Pecannüsse enthalten Ellagsäure. Sie wirkt entgiftend und hemmend auf die Bildung neuer Blutgefäße.

Proanthocyanidine und Anthocyanidine sind verantwortlich für viele leuchtende Farben. Sie können Krebszellen zur Apoptose zwingen. Wir können sie über Heidelbeeren, Preiselbeeren, Cranberrys, Zimt und dunkle Schokolade aufnehmen.

Kohl und Brokkoli haben einen hohen Gehalt an Glucosinolaten, Sulforaphan und Indol-3-carbinol. Neben ihrer Anti-Krebs-Wirkung haben sie auch antibiotische Eigenschaften, speziell gegen Helicobakter, das Bakterium, das Magengeschwüre hervorrufen kann. Das ist deshalb bedeutsam für Krebs, weil ein Magengeschwür das Magenkrebsrisiko um das 3–6-Fache erhöht. Im Tierversuch wurde die Aktivität der Abwehrzellen gegen Tumore um über 50 % erhöht, und es entstanden nur halb so viele Metastasen[15]. Bei der Zubereitung ist zu beachten, dass die wirksamen Inhaltsstoffe der Kohlgemüse wasserlöslich und hitzeempfindlich sind. Sie sollten deshalb nicht in viel Wasser gekocht, sondern nur kurz in der Pfanne gedünstet werden. Außerdem sollte man sie gut kauen, denn die Wirkstoffe sind in latenter Form in den Zellen der Pflanze gelagert und durch das Aufbrechen der Zellen beim Kauen entsteht erst das wirksame Sulforaphan. Aus demselben Grund sollten Kohl, Zwiebeln und Knoblauch nicht eingefroren werden, was auch traditionell nicht gemacht wird. Die Zellen platzen dabei, die Wirkstoffe entstehen und werden abgebaut. Es gibt viele verschiedene Kohlsorten, die als Glucosinolat-Lieferanten dienen können.

Bei der Zubereitung von Gemüse gilt eigentlich immer: je ursprünglicher, desto besser. Eine Ausnahme von dieser Regel bildet die Tomate, hier gilt: je stärker verarbeitet, umso konzentrierter ist Lycopin. Das Kochen bricht Zellstrukturen auf, es führt zu einer besseren Extraktion des Wirkstoffs und so kann es besser vom Körper verwertet werden. Aber Achtung: Ketchup ist kein Gemüse, ein Drittel seines Gewichtes ist Zucker! Tomatenmark hat also die höchste Konzentration von Lycopin. Fette, z.B. Olivenöl, erhöhen die Verfügbarkeit und am besten fügt man noch Knoblauch hinzu.

---

15 Singh S.V. et al. (2009), »Sulfuraphane inhibits prostate carcinogenesis and pulmonary metastasis in TRAMP mice in association with increased cytotoxicity of natural killer cells.« Cancer Research 69:2117-2125.

Knoblauch wurde in allen großen Kulturen schon immer als Nahrungsmittel und Medikament betrachtet. Auch im Knoblauch entsteht das Allicin erst bei der Zerkleinerung. Das merken wir am Geruch, der erst beim Zerschneiden verströmt. Es zerfällt schnell in andere Verbindungen, die aber selbst wieder interessante Wirkungen haben, z.B. das Diallylsulfid. Das schützt besonders vor Nitrosaminen, die ein sehr hohes krebserregendes Potential haben. Sie entstehen beim Räuchern und Anbraten von Fleisch, sind in Konservierungsmitteln, Marinaden oder verarbeiteten Fleischprodukten enthalten. Quercetin in Äpfeln und Zwiebeln wirkt nicht nur gegen Krebs, sondern ist auch antiallergisch aktiv. Es verhindert die Histaminfreisetzung und wirkt ähnlich stark wie Chromoglycinsäure, dem Wirkstoff in zahlreichen Heuschnupfen- und Asthmamitteln.

Kurkuma ist ebenso wie Knoblauch schon seit Tausenden von Jahren als Heilmittel bekannt. Es ist eine der Hauptzutaten in der ayurvedischen Heilkunst. Ihm werden reinigende Eigenschaften zugesprochen. Ohne epidemiologische Untersuchungen wird der Konsum von Kurkuma (es wurde lange fast ausschließlich in Indien verzehrt) für die großen Differenzen zwischen den Häufigkeitsraten für bestimmte Krebsraten in Indien und den westlichen Ländern verantwortlich gemacht. In Indien gibt es 70 % weniger Krebserkrankungen als in Amerika. Heute wissen wir, dass es tatsächlich reinigend, nämlich Kanzerogen-ausleitend wirkt. Es hemmt aber auch die Angiogenese, aktiviert die Apoptose und hemmt das Wachstum von Präkanzerosen, z.B. konnte die Entwicklung von Polypen im Mausversuch um 40 % verlangsamt werden. Außerdem senkt Kurkuma das Thrombose-Risiko und senkt den Cholesterinspiegel im Blut. Auch wirkt es stark entzündungshemmend über denselben Mechanismus wie Aspirin, denn es hemmt das Enzym COX-2, das für die Produktion von entzündungsfördernden Molekülen verantwortlich ist. In Currys oder der goldenen Milch[16] kann Kurkuma gut zu sich genommen werden. Dabei sollte man darauf achten, dass man immer gleichzeitig Pfeffer konsumiert, denn die Bioverfügbarkeit von Curcumin ist recht schwach, d.h., der Körper kann wenig davon ins Blut resorbieren, aber mit Piperin aus Pfeffer zusammen kann Curcumin 1000-mal besser im Darm aufgenommen werden als allein.

Zur mediterranen Diät gehört außer Olivenöl, Knoblauch und Tomatensauce ein gutes Glas Wein. Der Stoff im Wein, der sehr starke krebshemmende Eigenschaften in allen Stadien der Krebsentwicklung hat, heißt »Resveratrol«, ein Polyphenol. Es wirkt zusätzlich blutdrucksenkend (der Alkohol halbiert leider die blutdrucksenkende Wirkung) und ist ein Anti-Aging-Faktor, weil es auf Gene wirkt, die gesunde Zellen vor dem Altern schützen. Resveratrol sitzt fest in den Schalen und Kernen der roten Trauben. Wir müssten also gut kauen und die Trauben dann etwa eine Woche im Magen liegen lassen, um den Stoff zu extrahieren. Da wir das nicht können, ist Rotwein die beste Quelle für Resveratrol. Allerdings ist es licht- und sauerstoffempfindlich, Resveratrol wäre also am nächsten Tag abgebaut. Am besten sollte man also mit Freunden oder Nachbarn zusammen ein Glas Rotwein trinken.

Spätburgunder hat wohl den höchsten Gehalt an Resveratrol. Getrocknete Weintrauben (Rosinen) haben die Polyphenole verloren. Traubensaft und Cranberrysaft enthalten nur ein Zehntel der Menge, die im Rotwein enthalten ist. Sie müssten also anstelle von 100 ml Rotwein 1 l Traubensaft trinken, womit wieder sehr viel Zucker aufgenommen würde.

Ein persisches Sprichwort sagt: »Ein wenig Wein ist ein Gegenmittel gegen den Tod. Viel Wein ist das Gift des Lebens.« Das relative Risiko, an potentiell tödlichen Krankheiten zu erkranken,

---

16 Rezept: siehe am Ende des Beitrags.

sinkt bis etwas mehr als zwei Gläser (à 120 ml) Rotwein pro Tag, danach steigt es deutlich an. Alkohol ist also niemals gesund, Rotwein nur bis zu einer Menge von einem Glas für die Frau (125 ml) und zwei für den Mann (250 ml).

A propos Lebensmittel, die wir meiden sollten, um das Krebs-Risiko nicht zu erhöhen oder dem Krebs keine Nahrung zu geben: marinierte, geräucherte, frittierte Nahrungsmittel, Fertigprodukte, rotes Fleisch (nur in Maßen), Zucker und Weißmehl sind zu meidende Lebensmittel. In jedem Land lässt sich ein eindeutiger Zusammenhang zwischen der Krebsrate und dem Konsum von Fleisch, Wurst und Milchprodukten herstellen. Je mehr Gemüse und Hülsenfrüchte (Erbsen, Bohnen, Linsen) verzehrt werden, desto niedriger ist die Krebsrate.[17]

Und warum keinen Zucker?

1930 entdeckte der deutsche Biochemiker Otto Heinrich Warburg, dass der Stoffwechsel bösartiger Tumore stark auf den Verbrauch von Glukose angewiesen ist. Mit Insulin wird ein Wachstumsfaktor (insulin-like grouth factor) freigesetzt, der das Zellwachstum anregt. Zucker ernährt also das Gewebe und lässt es schneller wachsen. In einem Experiment bekamen zwei Gruppen von Mäusen Krebszellen injiziert. Die eine Gruppe wurde mit Lebensmitteln, die einen niedrigen glycämischen Index besaßen, ernährt, die zweite bekam eine Ernährung, die zu häufigen Blutzuckerspitzen führte. Nach 2,5 Monaten waren 16 von 24 Mäusen tot, deren Blutzucker häufig in die Höhe geschnellt war. Dagegen starb in diesem Zeitraum nur eine der 20 anderen

---

[17] Quelle: Datenbank des internationalen Krebsforschungszentrums (IARC) (Parkin D., Bay F., Ferlay J. et al. (2005) »Global cancer statistics, 2002 CA: A Cancer Journal for Clinicians 55:74-108.
Studie von Frassetto et al. Von der University of California in San Francisco, in der das Verhältnis tierischer und pflanzlicher Bestandteile in der Ernährung für einzelne Länder untersucht wird.

Mäuse.[18] Der Konsum von Zucker und Weißmehl muss also bei einer Krebserkrankung eingeschränkt werden, so dass keine hohen Blutzuckerwerte und keine Wachstumsfaktor-Spitzen entstehen. Stattdessen kann Agavendicksaft oder Kokoszucker benutzt werden. Beide haben einen niedrigen glycämischen Index (15–21). Sauerteigbrot hebt den Blutzuckerspiegel nicht so schnell wie die häufig verwendete Bäckerhefe, auch Vollkornprodukte sind vorzuziehen. Besonders sollte auf Süßigkeiten und Snacks zwischen den Mahlzeiten verzichtet werden.

Noch ein Wort zu den Fetten. Die essentiellen Fettsäuren kann der Körper nicht selbst synthetisieren, sondern muss sie aufnehmen. Das sind die Omega-6 und Omega-3-Fettsäuren. Mit genug Omega-6-Fettsäuren versorgt zu sein, haben wir durch unsere heutige Ernährung kein Problem. Aber ein großes Problem in westlichen Ländern ist die Versorgung mit Omega-3-FS. Die Ursache dafür sind die im letzten Jahrhundert veränderten Produktionsbedingungen und Ernährungsgewohnheiten, z.B. durch die Erhöhung des Anteils an Weizen, Roggen, Soja und vor allem Mais an der Ernährung und bei der Fütterung der Nutztiere. Ein ideales Omega-3-Omega-6-Verhältnis ist: 1:5. In der Paläo-Ernährung liegt es bei 1:1 bis 1:4. Heute nehmen wir viel zu wenig Omega-3-Fettsäuren zu uns, so dass das Verhältnis leider meist bei 1:20 liegt. Die Qualität der Lebensmittel ist oft entscheidender als das Lebensmittel selbst. Ein Ei von Hühnern, die mit Mais gefüttert wurden, hat ein Omega-3-Omega-6-Fettsäure-Verhältnis von 1:50, Bio-Eier von Hühnern aus Freilandhaltung haben ein Verhältnis von 1:1. Die Milch von Kühen hat umso weniger Omega-3-Fettsäuren, je weniger Grünfutter die Kühe erhalten. Vom Gesundheitsaspekt her ist also eine Heumilch immer vorzuziehen. Warum ist es so wichtig, ein ausgewogenes Verhält-

---

18 Santisteban G.A., Ely J.T., Hamel E.E. et al. (1985), »Glycemic modulation of tumor tolerance in mouse model of breast cancer.« Biochemical and Biophysical Research Communications 132 (3): 1174-1179.

nis dieser beiden Fettsäuren zu sich zu nehmen? Sie fördern im Körper entgegengesetzte Prozesse. Omega-6-Fettsäuren fördern Entzündungsprozesse und Zellwachstum, Omega-3-Fettsäuren hemmen Entzündungen und Zellwachstum und wirken so der Entwicklung von Herz-Kreislauf-Erkrankungen und Krebs entgegen. Essen Sie einen Esslöffel frisch gemahlenen Leinsamen im Müsli, einen Esslöffel Leinöl oder zweimal pro Woche Fisch. Hier vorzugsweise kleine Fische wie Sardinen oder Makrelen, weil Fische umso mehr mit Schadstoffen (Quecksilber, Dioxin) belastet sind, je größer sie sind. Tiefkühlware ist bei Fischen ungeeignet, da sie mit der Zeit ihren Omega-3-Gehalt verlieren. Als Öle eignen sich Rapsöl, Walnussöl oder Leinöl. Sie sind oft in dunklen Flaschen, um sie vor Licht zu schützen. Leinöl ist besonders empfindlich, am besten wird es im Kühlschrank gelagert und innerhalb von 3 Monaten verbraucht. Ist es oxidiert, so hat es auch seine gesundheitsförderlichen Eigenschaften verloren, man merkt das am ranzigen Geruch.

Weitere positive Effekte der Omega-3-Fettsäuren sind, dass sie den Cholesterinspiegel senken, bei 90 % der Deutschen ist der Cholesterinspiegel zu hoch. Sie senken Cholesterin, VLDL und Triglyceride und erhöhen HDL, damit sinkt das Risiko, einen Herzinfarkt zu erleiden.

Das Olivenöl hat nur einfach ungesättigte Fettsäuren und wird deshalb im Kühlschrank fest. Oliven enthalten dennoch eine Reihe Antioxidantien (Acetoteoside, Hydroxytyrosol, Tyrosol, Phenylpropionsäure), die vor Krebs schützen können. Natives Olivenöl enthält Secoiridoide und Lignane, von denen man annimmt, dass sie das Krebswachstum verlangsamen[19].

Zum Schluss noch etwas Angenehmes. Dem Kakao wurde nicht ohne Grund von den Maya und den Azteken göttliche

---

19 Owen R.W., Haubner R., Wurtele G., Hull E., Spiegelhalder B., Bartsch H. (2004) »Olives and olive oil in cancer prevention«, European Journal of Cancer Prevention 13:319-326.

Heilkraft zugeschrieben. Auch in Europa wurde er zunächst nur als Arzneimittel in Apotheken verkauft. Bis ins 19. Jahrhundert wurde Schokolade mit Gesundheit assoziiert. Erst durch die Erfindung von gesüßten Produkten mit geringem Kakaogehalt kam die Schokolade im 19. Jahrhundert in Verruf, gesundheitsschädlich zu sein. Kakao enthält Antioxidantien, Proanthocyanidine (wie Blaubeeren, Zimt, Haselnüsse, Walnüsse und Pekannüsse) und Polyphenole (wie Rotwein und grüner Tee). Sie bremsen das Krebswachstum und hemmen die Angiogenese. Auch beim Kakao gibt es positive Effekte auf das Herz-Kreislauf-System: Bitterschokolade kann eine messbare Blutdrucksenkung bewirken, die antioxidative Kapazität des Blutes steigt schon bei geringer Kakao-Aufnahme schnell an, so dass Stoffe, die Plaques in Arterien bilden könnten, nicht oxidiert werden. Der Effekt verschwindet allerdings, sobald Kakao mit Milch zusammen konsumiert wird, weil Milch verhindert, dass die Polyphenole im Darm resorbiert werden. Kakao sollte also möglichst ohne Milch konsumiert werden. In Bitterschokoladen ab 70 % Kakaoanteil ist in der Regel keine Milch mehr enthalten. 20 g Zartbitterschokolade dürfen Sie täglich für Ihre Gesundheit essen, das ist immerhin ein Fünftel einer 100-Gramm-Tafel.

Eine weitere gute Nachricht ist, dass normale Verzehrmengen der Anti-Krebs-Lebensmittel ausreichen, um Effekte zu erzielen.

Anti-Krebs-Lebensmittel	Essen Sie täglich:
Kohl*: Rosenkohl, Brokkoli, Blumenkohl	100 g
Knoblauch*	2 Zehen
Zwiebeln/Schalotten*	100 g
Spinat/Kresse	100 g
Soja***: Edamame, Sojamehl	100 g

Anti-Krebs-Lebensmittel	Essen Sie täglich:
Leinsamen (frisch geschrotet) oder Leinöl	1 TL
Tomatenmark	1 EL
Kurkuma + schwarzer Pfeffer!	1 TL
Beeren**: Erdbeeren, Blaubeeren, Himbeeren, Brombeeren, getrocknete Cranberrys	100 g
Trauben	100 g
Schokolade (>70 %!)	25 g
Zitrusfrüchtesaft + Schale	100 ml
grüner Tee (Japan Sencha)	3 x 250 ml
Rotwein	1–2 Gläser (a 125 ml)

Anti-Krebs-Lebensmittel sind Nahrungsmittel, die reich an phytochemischen Verbindungen mit krebshemmender Wirkung sind.

* Kohl, Zwiebeln und Knoblauch verlieren beim Einfrieren ihre krebshemmenden Eigenschaften.
** Bei Beeren kann auch Tiefkühlware verwendet werden.
*** Nicht empfohlen bei Brustkrebserkrankung.

Es gibt noch viele weitere Anti-Krebs-Lebensmittel, bei denen eine Anti-Krebs-Wirkung nachgewiesen wurde:

Weitere Anti-Krebs-Lebensmittel			
Alfalfasprossen	Chili	Kopfsalat	Schwarzer Tee
Apfel	Fenchel, Anis, Koriander	Linsen	Spinat

Weitere Anti-Krebs-Lebensmittel			
Artischocke	Gerste	Mango	Pilze: Kräuterseitling, Austernseitling, Enokitake, Shiitake, Champignon
Aubergine	Grapefruit	Meeralgen	
Avocado	Ingwer	Nelken	
Basilikum, Rosmarin	Kapern	Pak-Choi	Thymian
Birne	Kirsche	Petersilie, Sellerie	Weizenkleie

Sie sehen, fast in jeder Obstsorte und in jedem Gemüse lassen sich Stoffe finden, die unserer Gesundheit zuträglich sind.

Ich möchte kurz die Hauptaussagen noch einmal zusammenfassen:

Mikrotumore entstehen relativ häufig in lebenden Organismen. Aber die Weiterentwicklung zu Krebs ist ein langsamer Prozess, der oft Jahre bis Jahrzehnte dauert und von den Bedingungen bestimmt wird, die die Zellen vorfinden.

Die Ursache für die Krebs-Entstehung kann genetisch oder epigenetisch sein. Es gibt viel mehr Möglichkeiten epigenetischer Veränderungen am Erbgut als genetische. Epigenetische Veränderungen sind reversibel.

Unsere Ernährung kann unser Erbgut beeinflussen, ebenso wie andere Lebensstilfaktoren. Nutrazeutika können in jedem Stadium der Krebsentstehung hemmend wirken.

Essen Sie vielfältig und abwechslungsreich, nur so kann man das ganze Spektrum an sekundären Pflanzenstoffen aufnehmen. Für die Prävention rate ich diese Lebensmittel im Hinterkopf zu behalten. Setzen Sie sie immer wieder auf Ihren Speiseplan, kleben Sie sich eine Liste an den Kühlschrank und schreiben Sie sie immer mal wieder auf den Einkaufszettel, probieren Sie neue

Rezepte aus. In der Therapie sollten Sie sich strenger an den Anti-Krebs-Lebensmitteln orientieren und zusätzlich weitere Faktoren beachten, schädigende Faktoren minimieren und Ihre Energie steigern. Orientieren Sie sich dazu an der folgenden Tabelle:

Was kann ich verändern, um meinen Körper zu stärken?

Genetik (15 %)	-
Ernährung (30 %)	gesunde Ernährung, Anti-Krebs-Lebensmittel, Zucker und Weißmehl reduzieren, < 5–10 % tierisches Eiweiß
Übergewicht und Bewegungsmangel (5 %)	Ernährung, Bewegung
Sauerstoffmangel	Bewegung an der frischen Luft, Atmung
Sonnenmangel	Sonne, Vitamin D
Schlafmangel	für ausreichend Schlaf sorgen
Vergiftung	Vermeidung: Rauchen (30 %), Alkohol (3 %), Amalgan, schädliche Strahlung, elektromagnetische Felder
Stress	Stressreduktion, Zeitmanagement, Regenerationszeit, Blickwinkel, Entspannungstraining (PMR, autogenes Training, Yoga)
Schwächung des Immunsystems	Homöopathie, Lebensweise (Ernährung, Sonne, Sauerstoff, Stresslevel, Gifte, Psyche)
Iatrogene Faktoren	Vermeidung
hormonelle Störung	Substitution, Homöopathie, Ernährung
Psyche	Bewusstwerdung, Psychotherapie, Achtsamkeit, Meditation
Isolation, Sinnlosigkeit	soziale Kontakte pflegen, Spiritualität, Mission

Goldene Milch

1 EL Kurkuma
120 ml Wasser
schwarzer Pfeffer (1/4 TL)
etwa 1-Zentimeter-Stück geriebener Ingwer (etwa 15 g)
etwas frisch geriebene Muskatnuss
350 ml Mandelmilch
1 TL Süßungsmittel (z.B. Birkenzucker, Kokosblütenzucker, Agavendicksaft, Ahornsirup, Honig)
1 TL natives Kokosöl
eine Prise Zimt oder echte Vanille nach Geschmack

1. Kurkuma-Paste herstellen
Kurkuma-Pulver, schwarzer Pfeffer, Wasser, Muskat und Ingwer in einem Topf unter ständigem Rühren erhitzen, bis sich eine homogene Paste bildet. Die Paste hält sich etwa 2–3 Wochen im Kühlschrank.

2. Mandelmilch erhitzen, 1 TL bis 1 EL der Kurkuma-Paste und das Kokosöl mit einem Schneebesen in die Milch einrühren. Die Milch sollte nicht zum Kochen gebracht werden. Anschließend vom Herd nehmen und mit Süßungsmittel und nach Geschmack mit Zimt und Vanille abschmecken.

Vita Dr. rer. physiol. Judith Gutberlet

Dr. Judith Gutberlet ist tätig in eigener Praxis und als Dozentin. In ihrer Praxis behandelt sie nach den Regeln der klassischen Homöopathie. Außerdem wird großer Wert auf die Ernährung und das seelische Gleichgewicht gelegt. Die Kombination von klassischer Homöopathie, Ernährungstherapie und Ordnungstherapie (Mind-Body-Medizin) stellte sich besonders bei der Behandlung chronischer Krankheiten als notwendig heraus. Schon Samuel Hahnemann – der Entdecker der Homöopathie – schrieb in seinem Grundlagenwerk, dem »Organon der Heilkunst« im § 94: »besonders bei chronischen Erkrankungen muss die gewohnte Lebensführung und Diät erfragt werden, ob Krankmachendes oder Krankheit-Unterhaltendes vorhanden ist und dieses muss nach Möglichkeit minimiert werden.« Aus diesem Grund hat Dr. Gutberlet auch ein individualisierendes akupunkturunterstütztes Nichtraucherprogramm entwickelt und bietet die sehr sanfte, den Körper wie die Seele regenerierende Breuss-Rückenmassage an.

Als Dozentin unterrichtet sie weiterhin an der Rhönakademie Schwarzerden und an der Deutschen Heilpraktikerschule. Sie hält allgemeinverständliche Vorträge und schreibt Artikel über Gesundheitsthemen.

Dr. Judith Gutberlet studierte zunächst Humanbiologie an der Philipps-Universität Marburg. Sie promovierte am Institut für Anatomie und Zellbiologie der Julius-Maximilians-Universität in Würzburg und arbeitete dort in der medizinischen Grundlagenforschung und in der Lehre. Durch die Familie auf alternative Heilweisen aufmerksam geworden, absolvierte sie nach dem Fernstudium an der Akademie für ganzheitliche Lebens- und Heilwesen die staatliche Prüfung zum Heilpraktiker. Fortbildungen in Akupunktur und klassischer Homöopathie fanden währenddessen und finden weiterhin statt.

(Weitere Informationen finden Sie unter www.wissen-und-heilen.net)

»Höret mir zu und esset das Gute.«

Prophet Jesaja, 55. Kapitel, Vers 2
Prophet Jesaja einer der wichtigsten Schriftpropheten
des Tanach, der hebräischen Bibel
Jesaja ben Amoz wirkte im damaligen Südreich Juda
zwischen 740 und 701 v.Chr.

Dr. Ulrich Kraft – Das Mikrobiom des Verdauungstraktes

Der Begriff Darmmikrobiom umfasst alle mikroskopisch kleinen Bewohner, die unseren Verdauungstrakt vom Mund bis zum After besiedeln. Die Bedeutung dieser Darmbakterien wurde von der Medizin erst sehr spät entdeckt. Für die Heilkundigen früherer Jahre galt der Spruch »Der Tod steckt im Darm.«, der heute nach wie vor Gültigkeit hat.

Inzwischen gibt es eine regelrechte Mikrobiom-Forschung und der Darm avanciert zu einem Superorgan. Vielfach wird sogar diskutiert, ob die Darmbakterien, also das Mikrobiom, als eigenes Organ anerkannt werden sollte.

Jeder menschliche Körper (Darm, Haut, Nase, Mund, Rachen, Vagina) weist 3–4 Pfund Bakterien auf. Man kann davon ausgehen, dass ein gesunder Körper bis zu 1000 unterschiedliche Bakterien umfasst. Vermutlich können rund 10.000 Bakterienarten im Darm eines erwachsenen Menschen vorkommen. Jeder Mensch hat sein eignes Mikrobiom, das abhängig von Alter, Herkunft, Gesundheit und Ernährung variieren kann. Ohne diese Bakterien ist ein gesundes Leben nicht möglich.

Nach der Geburt ist der Darm eines Neugeborenen steril. Die ersten Bakterien, die den Darm besiedeln, stammen aus dem Geburtskanal der Mutter. In der Folgezeit werden andere Bakterienarten aus der Außenwelt übernommen. Kinder, die durch Kaiserschnitt entbunden werden, bilden die Darmflora aus dem Hautmikrobiom der Mutter. Sie haben eine geringere Anzahl und eine verringerte Artenvielfalt von Bakterien im Vergleich zu Kindern, die vaginal geboren wurden, und haben dadurch ein höheres Risiko für Infektionen und Allergien.

Jedes Kind hat bis zu Beginn des Fütterns mit fester Nahrung sein eigenes Grund-Mikrobiom entwickelt. Entwicklungssprünge

hängen auch mit der Veränderung der Darmbakterien zusammen.
1. Jeder Abschnitt des Verdauungstraktes – vom Mund bis zum Anus – hat seine spezifischen Bakterien. Unterschiedliche Bakterien haben wiederum unterschiedliche Aufgaben:
2. **Bakterien, die uns vor schädlichen Bakterien und Pilzen schützen:** Durchfälle und Pilzinfektionen weisen immer eine Störung des Mikrobioms auf. So sind Candida-Infektionen nicht ein isoliertes Krankheitsbild, sondern weisen auf ein gestörtes Mikrobiom hin, das zunächst behandelt werden muss.
3. **Bakterien »pflegen« unsere Schleimhäute:** Sie sichern so die korrekte Nährstoffaufnahme im Dünndarm. Sie bilden einen Biofilm und verringern das Risiko für Infektionen, Allergien und Autoimmunerkrankungen.
4. **Bakterien sind an der Verdauung beteiligt:** Sie zerlegen Nährstoffe und bilden Vorstufen von Vitaminen und Vitalstoffen.

Störfaktoren fürs Mikrobiom

Zahlreiche Faktoren haben einen negativen Einfluss auf unser Mikrobiom. Für die Betroffenen sind diese Veränderungen oft nicht erkennbar. Ein Durchfall ist nach einigen Tagen scheinbar ausgeheilt. Veränderungen durch die Zusammensetzung und die Stoffwechselleistungen einzelner Bakteriengruppen machen sich meist nicht in Form von Darmerkrankungen bemerkbar. Wer denkt schon an den Darm, wenn Monate nach einem Reisedurchfall plötzlich rheumatische Beschwerden oder Hautprobleme auftreten?

Ernährung: In den letzten 50 Jahren haben sich Nahrungsmittel und das Essverhalten komplett geändert. Früher haben sich in Tausenden von Jahren Veränderungen nur langsam durchgesetzt. Nun sollen sich der Körper und damit die Darmbakterien sofort anpassen. Wir essen insgesamt zu viel und damit auch zu viel Kohlenhydrate, Fette und tierische Eiweiße. Unser Essen ist denaturiert, das heißt, es mangelt an einzelnen Mikronährstoffen und es sind auch Fremdstoffe enthalten. Gemüse, Obst, Backwaren und Fleisch unterliegen einem Prozess der Industrialisierung, und damit einer Entfremdung vom Ursprünglichen. Dies führt zu einer Schwächung oder sogar einer Schädigung des Mikrobioms.

Weizen und Gluten: Zöliakie ist zwar das bekannteste und heftigste Beispiel einer Gluten-Unverträglichkeit. Es ist inzwischen nachgewiesen, dass Gluten bei seiner Passage durch den Darm zumindest bei einzelnen Menschen kurzfristig die Durchlässigkeit der Dünndarmschleimhaut erhöhen kann.

Medikamente: An erster Stelle sind hier die Auswirkungen von Antibiotika zu nennen. Bereits eine einwöchige Einnahme eines Antibiotikums ändert die Zusammensetzung und Aktivität der Darmflora auf dramatische Weise. Dutzende Bakterienarten verschwinden, andere unerwünschte Bakterien nehmen ihren Platz ein. Nach einem einzigen Antibiotikum dauert es etwa ein Jahr, bis sich der Darm vollständig erholt hat. Antibiotika können lebenswichtig sein. Eine Antibiotika-Therapie sollte aber durch Gabe spezifischer Probiotika begleitet werden. Auch zahlreiche andere Medikamente können das Mikrobiom nachhaltig schädigen.

Infektionen: Bei den meisten viralen und bakteriellen Infektionen ist die gesamte Schleimhaut, auch im Magen-Darm-Bereich, betroffen, denn alle Schleimhäute des Körpers kommunizieren miteinander. Insbesondere Durchfallserkrankungen schädigen das Darm-Mikrobiom und erhöhen die Darmdurchlässigkeit. Deshalb ist es wichtig, während des Durchfalls hypoallergene Kost zu sich zu nehmen und, vor allem bei Reisedurchfällen, spezielle Probiotika einzunehmen.

Psychischer Stress: Auch der Stress hat Einfluss auf die Zusammensetzung der Darmbakterien. Umgekehrt können auch Darm-Bakterien durch ihren Stoffwechsel und ihre Kommunikation mit der Darmschleimhaut für Stress verantwortlich sein.

Leaky-Gut-Syndrom

Verändert sich die Zusammensetzung der Darmbakterien, so ändert sich die Durchlässigkeit der Dünndarmschleimhaut (= Leaky-Gut-Syndrom). Somit können unvollständig verdaute Nahrungsbestandteile, toxische Moleküle, Bakterien und Viren, die normalerweise diese Barriere nicht durchdringen können, in die Blutbahn eindringen und verursachen in inneren Organen, der Haut und am Gehirn subtile Entzündungsreaktionen (»Silent Inflammation«).

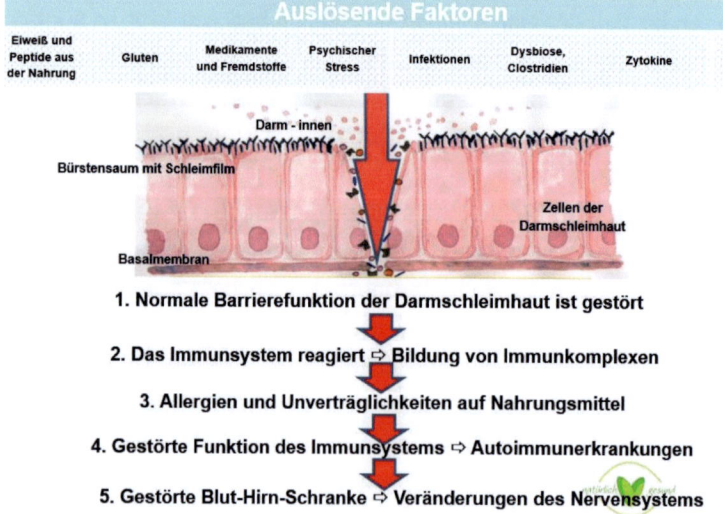

Beispiele für Krankheitsbilder bei geschädigtem Mikrobiom

Immunsystem (Infekte und Allergien): Das Mikrobiom hat direkten Einfluss auf das Immunsystem. Durch wissenschaftliche Studien wurde nachgewiesen, dass Kinder, die im jungen Säuglingsalter eine Besiedlung des Darmes mit milchsäurebildenden Bakterien haben, seltener Allergien (von Neurodermitis bis Asthma bronchiale) und schwerwiegende Infektionen haben.

Chronische Verdauungsprobleme: Viele Menschen leiden jahrelang an Bauchschmerzen, Durchfällen, Verstopfung und Blähungen. Darmspiegelungen bringen hier keine neuen Erkenntnisse zur Ursache, die oft durch eine ungünstige Zusammensetzung der Darmbakterien bedingt ist. Nicht selten besteht auch ein sogenanntes Overgrowth-Syndrom, bei dem Bakterien aus dem Dickdarm in den Dünndarm gelangen. Der Dünndarm ist im Gegensatz zum Dickdarm voll mit Nährstoffen. Gelangen nun diese Dickdarmbakterien nach oben in den Dünndarm, so erleben sie dort ihr Schlaraffenland, vermehren sich schnell und bilden viel Gase und Schadstoffe. Der luftgefüllte Dünndarm drückt dann nach oben auf den Magen und engt diesen ein. In Folge kann es dadurch zu Sodbrennen und Herzbeschwerden (Römheld-Syndrom) kommen. Dieser Zusammenhang wird oft nicht erkannt und falsch behandelt.

Autoimmunerkrankungen: Sie sind meist Folgekrankheiten eines Leaky-Gut-Syndroms. Dabei kommt das Immunsystem in Kontakt mit Fragmenten von Nahrungsbestandteilen und behandelt diese als Fremdkörper. Zur Abwehr dieser Fremdstoffe werden Antikörper gebildet. Diese finden nun ähnliche Strukturen im menschlichen Körper und beginnen, diese ebenfalls anzugreifen, es kommt zu einer Autoimmunerkrankung. Bekannte Autoimmunerkrankungen sind Morbus Crohn, Colitis ulcerosa, Diabetes mellitus, Morbus Hashimoto der Schilddrüse, rheumatische Erkrankungen und viele andere mehr. Die Entstehung dieser Erkrankungen setzt meist eine erbliche Komponente voraus.

Hautprobleme: Die meisten Kinder und Erwachsenen mit Hautproblemen (Neurodermitis, Schuppenflechte und andere) haben oder hatten ein gestörtes Mikrobiom des Darmes und der Haut. Bakterien schützen unsere Haut und Schleimhäute und haben natürlich auch einen großen Einfluss auf die Entstehung eines Leaky-Gut-Syndroms. Diese Durchlässigkeit der Darmschleimhaut ist auch dafür verantwortlich, auf welche Weise das Immunsystem auf Nahrungsmittel reagiert.

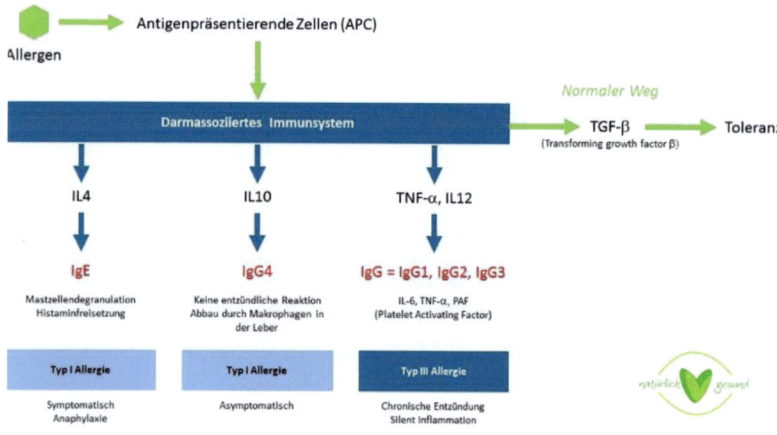

Adipositas: Normalgewichtige und übergewichtige Menschen unterscheiden sich nicht nur durch ihr Gewicht, sondern oft auch durch ihre Darmbakterien. Eindeutig dominieren bei Normalgewichtigen Bacteroidetes-Stämme, bei Adipösen hingegen Firmicutes-Stämme. Eine Ernährung mit hoher Kohlenhydratzufuhr und viel tierischem Fett – vor allem in den ersten Lebensjahren – fördert die Firmicuten-Entwicklung. Firmicuten zerlegen Ballaststoffe zu verwertbaren Stoffen und steigern somit die Energieausbeute aus der Nahrung. Dieser Umstand kann teilweise erklären, weshalb es »gute und schlechte Futterverwerter« gibt.

Psyche und Verhalten: Viel zu wenig untersucht ist bis heute der Einfluss des Mikrobioms auf unser Gehirn. Aus Erfahrung weiß man, dass Ernährungsumstellungen und damit auch Mikrobiom-Veränderungen Verhaltensauffälligkeiten bis hin zu Depressionen akut beeinflussen können. In Tierversuchen wurde das längst bewiesen. Erhalten ruhige Mäuse die Darmbakterien von aggressiven Mäusen, so werden sie ebenfalls aggressiv und verändern ihr Verhalten.

Diagnostik

Zunächst ist es wichtig, daran zu denken, dass der Darm und sein Mikrobiom den gesamten Körper beeinflussen.

Bei allen systemischen Krankheiten, und speziell bei Darm- und Bauchproblemen, gehört eine Stuhlanalyse in einem Speziallabor zur Basisdiagnostik dazu. Die übliche Diagnostik in der Arztpraxis auf Salmonellen und Pilze ist dafür nicht geeignet! Der Arzt oder Heilpraktiker sollte eine Ausbildung in Mikroökologie haben und sollte diese Zusammenhänge verstehen.

Therapie

Es ist nicht sinnvoll, irgendein Mittel für den Darm einzunehmen. Damit können die Beschwerden unter Umständen schlimmer oder sogar chronisch werden.

Der Mangel einer Bakterienart kann nicht behandelt werden, indem diese fehlende Bakterie zusätzlich gegeben wird. Sie sind zwar vorhanden, aber aufgrund eines ungünstigen Darmmilieus können sie sich nicht ausreichend vermehren. Daher muss das Darmmilieu so verändert werden, dass sich diese Bakterien wieder stabilisieren können.

Umgekehrt ist es mit Candida-Pilzen. Pilze sind nur deshalb vorhanden, weil sie ein günstiges Milieu mit optimalen Nährstoffbedingungen vorfinden. Die Therapie besteht darin, das Terrain für Pilze unattraktiv zu machen.

In letzter Zeit ist häufig von Stuhltransplantationen die Rede, bei der Bakterien von gesunden Menschen mit großem Erfolg auf Kranke übertragen werden. Dies zeigt sich bislang in Tierstudien. Für Menschen ist diese Therapieform in Deutschland noch nicht erlaubt.

Bei konsequenter individueller Ernährungsumstellung und Behandlung je nach Laborbefund ist eine erfolgreiche Therapie möglich. Wichtig ist dabei zu wissen, dass diese Therapien immer eine längere Behandlungsdauer erfordern, da das Mikrobiom nicht so leicht und so schnell zu verändern ist.

Konsequenz
Bei richtiger Ernährung und konsequentem Lebensstil:
»Die Gesundheit steckt im Darm.«

Autor:
Dr. med. Ulrich Kraft, Facharzt, Ernährungsmedizin, 36039 Fulda, www.ulrich-kraft.de

Vita Dr. med. Ulrich Kraft

geboren und aufgewachsen in Reutlingen
zahlreiche längere Auslandsaufenthalte
Medizinstudium in Marburg
Facharztausbildung in Fulda
Ausbildungen in Ernährungsmedizin und zahlreichen naturheilkundlichen Therapieeinrichtungen
Autor des Buches »Therapieguide«, eines Leitfadens für naturheilkundlich arbeitende Therapeuten
niedergelassen als Facharzt für Kinder- und Jugendmedizin/Ernährungsmedizin in eigener Praxis in Fulda
verheiratet, zwei erwachsene Töchter

Unser Darm ist ein fabelhaftes Wesen voller Sensibilität, Verantwortung und Leistungsbereitschaft. Wenn man ihn gut behandelt, bedankt er sich dafür.

Darm mit Charme

Schenke mir eine gute Verdauung, Herr, und auch etwas zum Verdauen. Schenke mir Gesundheit des Leibs, mit dem nötigen Sinn dafür, ihn möglichst gut zu erhalten

Thomas Morus (englisch Thomas More; * wahrscheinlich 7. Februar 1478 in London; † 6. Juli 1535 ebenda) war ein englischer Staatsmann und humanistischer Autor. Er ist ein Heiliger und Märtyrer der römisch-katholischen Kirche (Gedenktag 22. Juni) und Patron der Regierenden und Politiker.

Dr. sc. agr. Petra Kühne – Gesundheit ist individuell – der Einfluss der Ernährung

Was ist Gesundheit? Früher definierte man sie negativ als Abwesenheit von Krankheit. Passender ist eine Beschreibung, wonach Gesundheit ein Gleichgewicht zwischen Krankheit und Heilung darstellt. Danach ist Gesundheit kein stabiler Zustand, der ein für alle Mal besteht, sondern Gesundheit ist immer wieder zu erringen zwischen Belastung und Entspannung, Wohlfühlen und Kranksein. Bei einer Krankheit soll Gesundheit wiederhergestellt werden: Das ist die Heilung. Gesundheit liegt zwischen diesen beiden Polen.

Pathogenese und Salutogenese

Im Alltag, wenn man sich gesund fühlt, achtet man meist gar nicht auf sie. Erst wenn Gesundheit gefährdet ist oder eine Krankheit vorliegt, wird ihre Abwesenheit bemerkt. Dann ist alles angesagt, um die eigene Gesundheit wiederzuerlangen. Diese Haltung entspricht dem *pathogenetischen Ansatz*: Er herrschte lange in der Ernährungswissenschaft wie in der Medizin vor. So warnte man vor den krank machenden Aspekten einer falschen Ernährung. Dieser pathogenetische Ansatz ist nicht falsch, aber einseitig, weil er die negativen Folgen falscher Ernährung fokussiert und zu wenig die positiven Seiten zur Gesundheitsförderung anspricht.

Erst seit einigen Jahren hat sich ein *salutogenetischer Ansatz* durchgesetzt, der die Faktoren der Gesunderhaltung stärken will. Dies gilt auch für die Ernährung. Damit beugt man den Krankheiten vor, aber auf positive Weise. Natürlich kann die Ernährung nur teilweise das Entstehen von Krankheiten verhindern. Aber Erfahrungen zeigen, dass mehr möglich ist als vielleicht angenommen. Ist man dagegen erkrankt, so tritt die *Diät* in den Vordergrund. Sie soll helfen, Gesundheitsfaktoren zu stärken z.b. durch das vermehrte Einbeziehen einzelner Lebensmittel wie Obst bei Erkältung oder Honig bei Halsschmerzen, Entlastung bringen durch das Weglassen bestimmter Substanzen oder Lebensmittel, die für die Heilung nicht günstig sind (z.b. Genussmittel) oder generell das Meiden unverträglicher Inhaltsstoffe bestimmter Lebensmittel (z.B. Gluten bei einer Zöliakie).

Das alte griechische Konzept der »diäta«, der gesunden Lebensführung, entspricht dem salutogenetischen Ansatz. Im 19. Jahrhundert griff Pfarrer Kneipp es wieder auf. Auch in der anthroposophischen Ernährung ist es veranlagt. Bei der Erforschung der Gesundheitsfaktoren wurde der Einfluss von gesunder Ernährung, Bewegung, Eigenaktivität, spiritueller Betätigung u.a. untersucht. Auch der erbliche Einfluss spielt eine Rolle. Interessanterweise zeigte sich bei Untersuchungen, dass die einzelnen Faktoren allein keine große Wirkung entfalteten. In ihrer Kombination wie z.B. gesund essen, ausreichend schlafen, rhythmisch leben, genügend bewegen und sportlich betätigen ergab sich jedoch eine Steigerung der Gesundheitswirkung. Dies weist darauf hin, dass ein einzelner »Gesundheitsfaktor« wie die Ernährung wichtig ist. Noch viel besser geht es, wenn man seine bewusste Ernährung mit den anderen Gesundheitsfaktoren wie Bewegung, Entspannung, spirituelle Betätigung etc. kombiniert.

Gesundheit muss man erringen

Die eigene Gesundheit bedarf der Pflege und Beachtung. So sollte man das vermeiden, was schädlich wirken kann, und das verstärken, was fördernd ist. Im Gebiet der Ernährung ist dies nicht ganz einfach, da es vielerlei Konzepte und Studien gibt, die teilweise widersprüchlich sind. Zudem ist die Forschung erst dabei, konkretere Ergebnisse über die Wirksamkeit von Lebensmitteln zu erlangen. Die großen Studien mit über 40.000 Menschen in Europa, die Auskunft über die Wirkung von Lebensmitteln in Bezug auf Krebserkrankungen geben sollen, zeigen, wie schwierig dies ist. So gibt es aktuell die Empfehlung, dass Obst und Gemüse günstig auf die Vermeidung von Krebs wirken kann. Für einzelne Obst- oder Gemüsearten lässt sich dies jedoch nicht sagen. Offenbar kommt es bei der Nahrung auf ein ausgewogenes Verhältnis und eine Vielfalt der Lebensmittel an.

Im Herbst 2015 wurde von der Weltgesundheitsorganisation (WHO) nach Auswertung etlicher Studien (European Prospective Investigation into Cancer EPIC-Studie) vor einem zu hohen Verzehr von rotem Fleisch gewarnt, da dies ein negativer Faktor für Krebserkrankungen sein kann. Diese Veröffentlichung löste großes Medienecho aus, aber auch hier ist es wichtig, die Fleischqualität und sonstige Ernährung der Menschen mit einzubeziehen. Es kommt auf die »Dosis« (Menge) und Verarbeitung des verzehrten Fleisches an. Ein komplexes Thema also. Für eine gesundheitsbewusste Ernährung gehören das Wissen und ein maßvoller Umgang mit dem Essen dazu.

Gesundheit ist individuell

Es gibt so viele »Gesundheiten«, wie es Menschen gibt, ist eine Aussage von Rudolf Steiner, dem Begründer der Anthroposophie. Was ist damit gemeint? Gesundheit ist nicht nur ein veränderbarer Zustand des Menschen, sondern Gesundheit wird auch unterschiedlich empfunden. Wenn der eine sich krank fühlt, ist das für einen anderen noch keine oder nur eine geringe Einschränkung des Wohlbefindens. Die Menschen sind verschieden, sie empfinden anders und leben unterschiedlich bewusst. Dies kann man auch auf dem Gebiet der Ernährung feststellen. Es gibt nicht die eine Ernährungsform, die für alle die richtige ist. Gesundheit und Ernährung sind abhängig vom Lebensstil, dem Land, in dem man lebt, dem kulturellen und gesellschaftlichen Einfluss und inneren Bedürfnissen oder Abneigungen. Daher können allgemeine Empfehlungen immer nur Hinweise sein, die im Einzelfall modifiziert werden müssen. So ist der Streit von Vertretern verschiedener Ernährungsformen eigentlich überflüssig, wenn man sieht, dass Empfehlungen für unterschiedliche Menschen zutreffen. So braucht der eine morgens zum Frühstück seine Kohlenhydrate in Form von Brot oder Müsli, der andere meidet sie und bevorzugt mehr Fette und Eiweiß wie Oliven, Fisch und Salate. Was ist dabei gesünder? Hier wird der Einzelne anders urteilen, denn die Bedürfnisse sind verschieden. Tauscht man die beiden Arten von Frühstück jeweils, so werden beide unzufrieden sein – die seelische Gesundheit leidet.

Trotzdem gibt es natürlich Empfehlungen, die allgemein gelten. Aber sie werden modifiziert durch die typgerechte und individuelle Ernährung. Ebenso ist es nicht sinnvoll anzunehmen, dass Lebensmittel, die einzelnen Menschen aufgrund einer Krankheit nicht bekommen, »schlecht« sind. So ist z.B. eine laktosefreie Ernährung für Menschen mit Laktose-Intoleranz notwendig, aber kein Vorteil für Menschen, die keine Probleme haben, den Milchzucker abzubauen.

Faktoren gesunder Ernährung

Die Bedeutung der Verdauung

Jeder Mensch freut sich, wenn ein appetitliches Essen auf dem Tisch steht. Sobald jedoch der erste Bissen im Mund ist, wird dieses Aussehen zerstört. Es beginnt mit dem Kauen und Einspeicheln, setzt sich im Magen aggressiv mit Säure fort und schließt im Darm mit der Galle und Verdauungsenzymen ab. Ziel ist der vollständige Abbau der Nahrung bis zu einfachsten chemischen Verbindungen: Ohne Verdauung würde die Nahrung den Menschen krank machen. Daher ist es wichtig, nur das zu essen, was bekömmlich ist – egal wie »gesund« ein Lebensmittel sein soll. Der einzelne muss es vertragen.

Ein Helfer im Darm ist die Darmflora. Diese Mikroorganismen, überwiegend Bakterien, schützen uns vor unerwünschten Pilzen oder krank machenden Bakterien, erhalten dafür von uns einige Nährstoffe, die wir nicht verwerten können. Diese symbiotisch mit uns lebende Darmflora, die ungefähr 1–1,5 kg ausmacht, unterscheidet sich nach unseren Ernährungsgewohnheiten. Ein Vegetarier verfügt über eine andere Darmflora als ein Gemischtköstler.

Der Aufbau und die Erhaltung einer gesunden Darmflora gehören mit zu den Ernährungszielen einer Gesundheitsförderung. Störungen im Darmmilieu sind häufig die Ursache von weitreichender Symptomen und Gesundheitsproblemen.

Günstig wirkt sich aus, milchgesäuerte Lebensmittel wie Joghurt oder milchsaure Getränke wie Brottrunk, Sauerkrautsaft oder Sauerkraut zu sich zu nehmen. Basenreiche Kost mit viel Gemüse unterstützt ebenfalls, während eine zu säurereiche Nahrung mit vielen tierischen Eiweißen wie Fleisch und Wurst, aber auch viele Kohlenhydrate in Form von Weißmehl und Zucker ungünstig sind. Ebenso stärkt eine Kost, die ausreichend Ballaststoffe enthält, die Funktion des Darms und die Darmflora. Der Ballaststoffgehalt der Nahrung liegt in Mitteleuropa zu niedrig. Der Verzehr von Vollkornbrot, Getreidegerichten und viel Gemüse helfen auch hier, die empfohlene tägliche Menge von 30 g Ballaststoffen zu erreichen.

Die *Bekömmlichkeit* ist ein Maß für die individuelle Verträglichkeit. Sie spürt man in sich – oftmals wenn irgendeine Verdauungs- und Organfunktion nicht mehr ganz in Ordnung ist.

Die *Verdaulichkeit* oder Bio-Verfügbarkeit gibt an, was der Mensch tatsächlich von der Nahrung verwerten kann. So wird z.B. das Carotin einer rohen Möhre nur verwertet, wenn im Darm die Zellen gespalten und die Stoffe frei werden. Daher kann bei schwächerer Verdauung die Verdaulichkeit und Ausnutzung von gekochten Möhren sogar besser sein als von rohen, weil die Inhaltsstoffe frei liegen und nicht herausgelöst werden müssen. Somit ist der analysierte Gehalt im Lebensmittel nie identisch mit dem, was der einzelne Mensch tatsächlich für sich braucht.

Gesundheitsförderliche Substanzen in der Nahrung

Eine Substanzgruppe der Lebensmittel wird heute mit gesundheitsfördernden Wirkungen gleichgesetzt, wenn man sie in üblichen Mengen im Lebensmittel aufnimmt. Das sind die sekundären Pflanzenstoffe, zu denen natürliche Duft- und Aromastoffe, Farb- und Abwehrstoffe der Pflanzen gehören. So helfen beispielsweise Sulfide den Cholesterinspiegel des Blutes zu senken, andere wie die Polyphenole wirken günstig auf das Immunsystem oder die Regulation des Blutzuckerspiegels. Sie sind besonders in Gemüse und Obst enthalten und stützen somit die Aussagen der Krebspräventionsstudien. Aber auch bestimmte Ölsaaten wie die Chia- oder Leinsamen enthalten z.B. förderliche Omega-3-Fettsäuren.

Bioaktive Substanzen in Gemüse

Substanz	Wirkung
Carotinoide *(grüne und rote Gemüse)*	krebsvorbeugend, immunanregend, Oxidationsschutz
Saponine *(Knoblauch, Spinat)*	krebsvorbeugend, antimikrobiell, immunanregend, cholesterinsenkend

Glucosinolate (*Kreuzblütler*)	krebsvorbeugend, antimikrobiell, cholesterinsenkend
Polyphenole (*Radieschen, Kohl, grüne Bohnen*)	krebsvorbeugend, antimikrobiell, immunanregend, Oxidationsschutz, entzündungshemmend, blutdruckregulierend, blutglukosesenkend
Sulfide (*Knoblauch, Zwiebel*)	wie Polyphenole

Quelle: B. Watzl, C. Leitzmann: Bioaktive Stoffe in Lebensmitteln.

Qualität von Anfang an

Die Qualität eines pflanzlichen Lebensmittels beginnt beim Saatgut. Bei einem Tier kommt es auf die Rasse und ihre Züchtungseigenschaften an. Eine Pflanzensorte kann ertragreich sein, weist aber einen dürftigen Geschmack auf, sie hat vielleicht ein schönes Aussehen, aber weniger Vitamine: Wenn eine Möhre nicht schmeckt, wirkt sie zwar magenfüllend, aber der Mensch verbindet sich zu wenig mit den Sinnen und dem inneren Erleben, was wiederum rückwirkt auf die gesundheitlichen Potentiale. Daher ist deutlich, dass bereits bei der Züchtung solche Werte mit berücksichtigt werden sollen. Bei den Tieren ist eine extreme Züchtung auf Ertragsleistung oder schnelle Mast noch fraglicher. Sicher kennen viele die Bilder von Puten, die vor Brustfleisch kaum noch laufen können, oder Kühe mit sehr hohen Milchleistungen, die aber bereits nach 3–4 Jahren geschlachtet werden, weil sie dann bereits ihre Kräfte verbraucht haben. Wie gesund sind solche Lebensmittel solcher Tiere für den Menschen?

Einfluss der Landwirtschaft

Die Qualitätsentstehung setzt sich in der Landwirtschaft fort. Der ökologische Landbau kommt nicht nur ohne Biozide und leicht löslichen Mineraldünger aus, sondern will durch natürliche Prozesse die Lebenskräfte der Pflanzen und Tiere anregen und fördern. Die »dynamische« Komponente bei Demeter-Lebensmitteln unterstützt den Boden und die Pflanzen durch Anwendung von Präparaten aus tierischen und pflanzlichen Komponenten.

Wie fraglich der Einsatz von Bioziden sein kann, zeigt gerade die Debatte um ein mögliches Krebspotential von Glyphosat, einem der häufigsten Biozide des konventionellen Landbaus. Zwar sind für jedes Mittel nur geringe Rückstände erlaubt, aber die Summation verschiedenster dieser Mittel ist zu wenig erforscht.

Über die Massentierhaltung wird viel diskutiert, artgerechte Tierhaltung ist ein Wunsch vieler Verbraucher. Hierzu ist das Angebot noch sehr gering. Verbrauchszahlen zeigen jedoch, dass in Deutschland der Verzehr von Fleisch und Wurst etwa doppelt so hoch liegt wie die Empfehlungen der deutschen Gesellschaft für Ernährung. Eine Reduzierung der Menge würde somit der Tierhaltung und der eigenen Gesundheit zugutekommen. Jüngere Menschen wenden sich immer mehr von der Gemischtkost ab und verzichten als Vegetarier auf Fleisch oder als Veganer sogar ganz auf tierische Produkte.

Die vegetarische Ernährung (mit Tierprodukten wie Milch, Käse, Butter und Eiern) hat gegenüber der Gemischtkost gesundheitliche Vorteile. Sie zeigen sich bereits, wenn *weniger* Fleisch verzehrt wird (»Flexitarier« = Menschen, die mal tierische Produkte wie Fleisch verzehren, mal nicht). Wer also nicht gänzlich auf Fleisch verzichten will, kann durch weniger und dieses von artgerecht gehaltenen Tieren nicht nur etwas für die Tiere, sondern auch für seine Gesundheit erreichen.

Die Bedeutung der Rohkost

Etliche Lebensmittel wie Obst und Salate werden roh verzehrt. Aber auch viele Gemüse bereichern als Rohkost die Nahrung. Aktuell sind grüne Smoothies, d.h. Gemüse, Blätter und Obst fein püriert, sehr in Mode. Sie enthalten die Frische und Wachstumskräfte der Pflanze und sind eine Art »Elixier« zur Anregung von Aufbaukräften und Vitalität. Schon der Ernährungsmediziner Bircher-Benner (»Bircher-Müsli«) entdeckte die heilenden Kräfte der rohen, unverarbeiteten Pflanze. Sie regen Gesundungskräfte des Menschen an. Anhand der *Frische* eines Salates oder der *Reife* eines Obstes kann man den Wert erkennen.

Allerdings muss man sie auch verdauen können, was in unterschiedlichem Maße der Fall ist. Bei Menschen mit schwachem Verdauungssystem kann es sogar hilfreich und nötig sein, die Nahrung zu erhitzen, um ihm die Verwertung der Lebensmittel zu ermöglichen. So spielt bei der Menge der Rohkost wiederum das individuelle Vermögen der Verträglichkeit und Verdauungskraft eine Rolle. Aber man kann dies auch trainieren. Wer selten Salate und Rohkost isst, kann durch regelmäßige Gewöhnung die Bekömmlichkeit steigern und verträgt dann auch mehr davon.

Die Verarbeitung

Viele Verarbeitungen von Lebensmitteln dienen dazu, diese verzehrfähig, bekömmlich, schmackhaft, haltbar oder hygienisch einwandfrei zu machen. Allerdings stellt jede Verarbeitung eine Veränderung und manchmal eine zu intensive des Lebensmittels und seiner Nährstoffe dar. Daher sollte überlegt werden, welche Verarbeitungsschritte notwendig sind. Das Garen von Lebensmitteln verbessert die Bekömmlichkeit und kann die Aufnahme von Inhaltsstoffen erleichtern, weil sie leichter verfügbar werden. Aber

Techniken wie das Abtrennen der Randschichten von Getreide entfernen wichtige Mineralstoffe, Vitamine und Ballaststoffe. Isst man beispielsweise nur weißen Reis oder helle Mehle, so fehlen diese Inhaltsstoffe in der Nährstoffbilanz. In der unten stehenden Tabelle ist zu sehen, wie stark der Gehalt an Ballaststoffen, den Mineralstoffen Eisen und Magnesium und den Vitaminen B1 und Niacin vom Vollkornweizen bis zum hellen Weizenmehl abnimmt.

Inhaltsstoffe von Weizen und Mehlen

	Weizen, Vollkorn	Weizenmehl Type 1050	Weizenmehl Type 405
Ballaststoffe (g)	13,3	5,2	4
Eisen (mg)	3,3	2,2	1,5
Magnesium (mg)	97	53	20
Vitamin B1 (mg)	0,46	0,43	0,06
Niacin (mg)	5,1	1,4	0,7

Quelle: Elmadfa, I.: Die große Nährwert-Kalorientabelle 2016/2017 München.

Das Problem Übergewicht

Die Zahl der übergewichtigen Menschen hat sich weltweit erheblich erhöht auf 2,1 Milliarden. Dies sind fast 30 % der Weltbevölkerung. Übergewicht wird über den Body Mass Index (BMI) definiert, der eine Maßzahl aus Körpergewicht und -größe darstellt.

Liegt er über 25, so spricht man von Übergewicht, über 30 von Fettleibigkeit. Übergewicht gilt als Risiko für etliche Krankheiten. So steigt Diabetes Typ 2 an, der oftmals eng mit Übergewicht oder Fettleibigkeit gekoppelt ist. Diese Situation zeigt, dass die Ernährung aus dem Gleichgewicht geraten ist. In Deutschland ist jeder Zweite übergewichtig oder fettleibig, vor allem Menschen ab 50 Jahren, mehr Männer als Frauen.

Gründe für Übergewicht

Sehr vereinfacht gesagt, stimmt bei Übergewicht das Verhältnis von Nahrungsaufnahme und Nahrungsverwertung nicht. Dies hängt einerseits mit zu geringer Bewegung zusammen, aber auch, dass Maschinen uns körperliche Arbeit abgenommen haben. Dazu kommt ein großes Angebot ständig verfügbarer Lebensmittel. Man kann zu jeder Tages- und Nachtzeit Lebensmittel oder fertige Gerichte kaufen und essen. Ein weiterer Grund ist die Art der Nahrung. Die industrielle Lebensmittelverarbeitung hat zu zahlreichen Fertiggerichten geführt, die fett- und zuckerreich sind. Zugefügte Aromen reizen den Appetit an, man merkt oftmals gar nicht, wie viel bereits gegessen wurde. Selbst im Bio-Angebot haben die verfeinerten Produkte sehr zugenommen. Von ballaststoffreichem Vollkornbrot isst man weniger als von Ciabatta. Ähnlich ist es mit den Süßigkeiten, die mit viel Zucker zubereitet wurden. Oftmals können Verbraucher gar nicht erkennen, wie kalorienreich die »kleine Zwischenmahlzeit« tatsächlich ist. Hier sollen genauere Angaben auf der Verpackung und Nährwertangaben helfen. Aber wer studiert diese Informationen schon, wenn er einen Schokoriegel kauft? Oft wird es auch gewusst, dass eine Süßigkeit viel Energie enthält, aber in diesem Moment ist der Genuss wichtiger. Wir sind nicht nur rationale, sondern auch Menschen mit entsprechenden seelischen Bedürfnissen. Essen ist manchmal ein Ersatz für seelische Defizite, Übergewicht ein Zeichen dafür, dass man scheinbar »gewichtiger« auftreten kann. Diese »Gelüste« sind ein Hinweis, dass etwas im Leben zu kurz kommt oder dass zu viel Stress die Seele schwächt. Dies beseitigt man aber nicht einfach durch eine Diät, wie manchmal angepriesen wird. Es soll nicht gesagt werden, dass man auf Genuss verzichten muss, denn die Seele will auch ernährt werden. Das Genießen gehört zum Essen, aber nicht übermäßig. Ein Sprichwort drückt dies klar aus: »Man soll mit dem Essen aufhören, wenn es am schönsten ist.« Dies ist nicht einfach, kann aber helfen, damit man Freude am Genießen hat, aber auch weiß, wann es genug ist.

Daneben spielt auch die genetische Veranlagung eine Rolle, wenn man eine Konstitution (Stoffwechsel-Typ) hat, die leichter zu Übergewicht neigt. Ebenso können bestimmte Medikamente und Schlafmangel Übergewicht fördern. Das Thema ist also sehr komplex.

Gründe für Übergewicht

- mangelnde Bewegung
- zu viel Nahrung
- ständig verfügbares Essangebot
- kalorienreiche Fertigkost
- mangelnde Qualität der Lebensmittel
- Stress
- unrhythmische Lebensweise
- genetische Veranlagung
- Schlafmangel
- Hormonstörungen

Rhythmus

Ein Punkt ist für die Gesundheit, Prävention oder Hilfe gegen Übergewicht wichtig. Dies sind die rhythmische Lebensweise und das Essverhalten. Während in früheren Zeiten eine regelmäßige Mahlzeitenfolge in der Familie oder bei der Arbeit üblich war, löst sich diese Essensfolge immer mehr auf. Es hat mit vielen Ursachen zu tun wie der Verfügbarkeit verzehrfertiger Produkte, Kleinfamilien, keine Kantine, Zeitmangel, Gefühl von Freiheit etc.

In unserem Körper arbeitet der Stoffwechsel mit seinen inneren Organen in rhythmischen Prozessen. Den stärksten Einfluss hat der Tag-Nacht-Rhythmus, der auf der Erdumdrehung beruht. Da die Nacht meist Schlafenszeit ist, finden Aufbauprozesse im Organismus statt. Isst man sehr spät abends und vielleicht auch noch sehr fettreich, so wird dieser Rhythmus gestört, denn die Organe müssen diese Mahlzeit verdauen. Folge ist – vor allem bei Kindern und älteren Menschen –, dass der Schlaf gestört wird oder nicht so erfrischend ist. Auch am Tag unterstützt eine regelmäßige Nahrungsaufnahme die inneren Rhythmen und entlastet die Verdauungs- und Stoffwechselorgane. Ständiges Essen führt dagegen dazu, dass ständig verdaut werden muss, immer wieder ein Schwall Nährstoffe ins Blut gelangt, wo die Enzyme und Hormone tätig werden müssen, um sie zu verteilen. Zudem ist oftmals die gesamte Nahrungsmenge größer, wenn häufig »kleine« Snacks eingenommen werden anstelle von 3 oder 5 Tagesmahlzeiten.

Darüber hinaus leben wir mit der Natur und den Jahreszeiten. Die Empfehlung, saisonale Gemüse und Obst zu bevorzugen (also keine Erdbeeren im Winter), ist nicht nur eine Unterstützung der heimischen Landwirtschaft, sondern auch ein Jahresrhythmus, der die Monate strukturieren kann, ohne dass dies zu eng gefasst sein muss. Es geht um den Alltag, bei Festeszeiten und besonderen Gelegenheiten freut man sich dann über Angebote an seltener gegessenen Speisen.

Der Umgang mit Genussmitteln

Hier soll noch ein kurzer Blick auf das Thema Gesundheit und Genussmittel geworfen werden.

Man unterscheidet grob zwei Arten von Genussmitteln: die koffeinhaltigen und die alkoholhaltigen. Zu den ersten gehören Kaffee, grüner und schwarzer Tee, Mate, Cola und auch Kakao. Koffein regt an, zu viel davon ist nicht förderlich. Allerdings muss man auch nicht vollkommen darauf verzichten. Interessanterweise haben Studien gezeigt, dass übliche Mengen z.B. von Kaffee durchaus günstig sein können. Dies hängt von der individuellen Verträglichkeit und gesundheitlichen Konstitution ab. Auch sollte man bedenken, ob gleichzeitig viel Zucker oder Fett (Sahne) mit aufgenommen wird.

Die alkoholhaltigen Genussmittel sind Bier, Wein, Sekt und Spirituosen, die eine unterschiedliche Alkoholmenge aufweisen. Für die Verkehrstauglichkeit enthält man sich am besten dieser Getränke. Ein Zuviel an Alkohol birgt die Gefahr der Abhängigkeit und Sucht. Leider gibt es eine große Zahl an Menschen, die abhängig oder sogar alkoholkrank sind. Dies hat nicht nur gesundheitliche, sondern oft auch soziale Folgen. Daher ist hier ein besonders sorgfältiger Umgang mit diesen Getränken notwendig, wenn man nicht darauf verzichten möchte.

Fazit

Ernährung und Gesundheit gehören zusammen. Eine vielseitige Kost guter Qualität ist ein wichtiger Faktor der Gesunderhaltung. Regelmäßiges und achtsames Essen, Freude an den Mahlzeiten in Gesellschaft sind weitere Faktoren, die zur Gesundheit beitragen.

Vita Dr. sc. agr. Petra Kühne

Dr. sc. agr. Petra Kühne, verheiratet, drei erwachsene Söhne, Ernährungswissenschaftlerin, Leiterin des Arbeitskreises für Ernährungsforschung e.V. in Bad Vilbel, Redakteurin der Zeitschrift »Ernährungsrundbrief«, 30 Jahre Vortrags- und Kurstätigkeit. Buchveröffentlichungen: »Säuglingsernährung« (12. Aufl. 2016), »Mineralstoffe – Anthroposophische Ernährung II« (2014) »Vitamine – Wirkstoffe im Lebendigen« (2015).

Arbeitskreis für Ernährungsforschung e.V., Niddastr. 14, D-61118 Bad Vilbel. Tel. 06101/52 18 75, email info@AK-Ernaehrung.de homepage www.ak-ernaehrung.de

Krankheit ist kein Schicksalsunglück, das uns plötzlich aus heiterem Himmel überfällt, sondern das Ergebnis täglicher kleiner Verstöße wider die Gesetze der Natur. Wenn die Summe dieser Verstöße groß genug ist, steht die Krankheit plötzlich vor uns.
Dem Kranken die verlorene Gesundheit wiederzugeben, bedarf es oft nichts als einer lebensfrischen Speise.

Hippokrates von Kos (* um 460 v.Chr. auf Kos; † um 370 v.Chr. in Larisa, Thessalien) gilt als der berühmteste Arzt des Altertums.

Dr. Susanne Kümmerle – Mit Genuss gesund durchs Leben – Warum Verzicht nicht alles ist

Wenn Sie vor Ihrer Geburt schon alles richtig gemacht haben, haben Sie sich eine günstige Erbmasse ausgesucht. Günstige Gene erleichtern es Ihnen, gesund durchs Leben zu kommen. Leider wird die Veranlagung zu lästigen Erkrankungen, wie Bluthochdruck, Diabetes und Fettstoffwechselstörungen gerne auch mal vererbt. Mit etwas Glück wurden Sie von zwei gesunden Elternteilen liebevoll behütet in guter Umgebung aufgezogen. Selbst wenn Sie mit Ihrer Erbmasse nicht 100%ig zufrieden sind, können Sie in Eigenverantwortung noch einiges positiv beeinflussen, um statistisch einige gute Lebensjahre für sich zu ergattern – ganz ohne Verzicht! Lassen Sie sich überraschen, was alles möglich ist.

Wer sich regelmäßig mit Genuss gesund ernährt, wird automatisch nicht dick und braucht auch auf nichts zu verzichten. Es genügt eine vernünftige Auswahl beim Einkaufen, um gut zu essen, angenehm gesättigt und leistungsfähig zu sein. Und schon können Sie für sich statistisch plus 29 Lebensjahre verbuchen. Erst ab einem BMI (Body Mass Index) von 35 und höher wird es gefährlich für Ihre Lebenserwartung. Ihren BMI können Sie leicht selbst ausrechnen. Nehmen Sie Ihre Körpergröße in m mal Ihrer Körpergröße in m und teilen Sie Ihr Körpergewicht in kg durch das erhaltene Ergebnis. Beispiel: Sie wiegen 69 kg und sind 1,70 m groß, dann rechnen Sie 1,7-mal 1,7 = 2,89 und teilen 69 durch 2,89 = 23,9. Entscheidend ist dabei noch, ob Sie Birne oder Apfel sind. Die Birne hat ihre Pölsterchen mehr am Gesäß und Oberschenkel, der Apfel mehr am Bauch. Bauchfett ist eher mit Herzkreislauferkrankungen verbunden, ist also ungünstiger zu bewerten. Die Birne ist da besser dran. Wenn Sie für Ihr Körpergewicht einfach zu klein sind und Ihr Körpergewicht verändern wollen, machen Sie keine einseitigen Diäten oder extreme

Hungerkuren. Ein gesunder Körper verteidigt sein Gewicht, der Jo-Jo-Effekt ist garantiert. Reduzieren Sie besser moderat, stellen Sie auf gesunde Ernährung um und bewegen Sie sich, ohne zu schnaufen, mit Spaß.

Immobilität macht schlapp und knuffig.

«Sitting is killing you«: Wer auf regelmäßige Spaziergänge und genüssliche Bewegung an der frischen Luft nicht verzichtet, gewinnt Lebensjahre. Wer schneller läuft, lebt länger und gesünder. Schreiten Sie beherzt aus beim Gehen! Die zaghaften, kleinschrittigen Mitmenschen haben Nachteile, was die Lebenserwartung angeht. Laufen Sie zügig und festen Schrittes. Mit etwas Glück können Sie genetisch eventuell vorgegebenen Erkrankungen förmlich davonlaufen. Sie bekommen später oder gar keinen Diabetes mellitus, schützen Ihre Knochen, haben die bessere Koordination und das stabilere Immunsystem. Sie schlafen besser und verwerten Nährstoffe auch im Schlaf, weil Ihre kräftige Muskulatur selbst im Schlaf Energie verbraucht. Je besser Ihre Muskulatur, desto weniger Übergewicht, desto stabiler die Gelenkführung mit geringerer Unfallgefahr. Also freunden Sie sich mit einer Treppe Ihrer Wahl an. Gut bewegte Menschen sind besser drauf. Verzichten Sie nicht auf täglich 20 bis 30 Minuten Bewegung zum Spaß. Das fördert ganz nebenbei ein gesundes Liebesleben. Aus der Glückshormonproduktion durch die Bewegung kann sie Östrogen, er Testosteron bilden. Verheiratete Männer leben durchschnittlich länger als ihre Single-Kollegen. Also warum sollten Sie auf eine stabile zwischenmenschliche Bindung verzichten? Allein durch regelmäßiges Küssen können Sie auf Ihre statistische Lebenserwartung vier Jahre zusätzlich notieren. Wenn Sie allerdings als Mann Single bleiben wollen, sollten Sie ins Kloster gehen. Mönche leben statistisch länger als Single-Männer in freier Wildbahn.

Egal für was für ein Familienkonzept Sie sich entschieden haben, wichtig ist, dass Sie tiefenentspannt bleiben. Stressresistente Menschen haben eine viel größere Wahrscheinlichkeit, über 100 Jahre alt zu werden. Jeanne Calment, lange Zeit die älteste Frau der Welt aus Arles, hat uns das eindrücklich vorgelebt. Nichts konnte sie aus der Ruhe bringen, sie ist bis ins hohe Alter Fahrrad gefahren, hat Wert auf gutes Essen gelegt, ruhig auch zwischendurch ein Stück Schokolade. Also warum sollte man auf alles verzichten?

Wichtig ist, auf jeden Fall die Gegenwart zu genießen, damit wir in Zukunft eine schöne Vergangenheit haben. Dazu gehört ein positiver Umgang mit sich selbst und unseren Mitmenschen, daheim und am Arbeitsplatz. Sorgen Sie für ein gutes »Miteinander« statt einem quälenden »Gegeneinander«. Auch hier gilt, verzichten Sie nicht auf Ihre regelmäßigen persönlichen Ruhephasen. Pausen, Urlaub, und Fortbildung. Dabei sind täglich mindestens 30 Minuten für sich selbst die Voraussetzung für ein leistungsfähiges Berufs- und Alltagsleben. Burn-out gilt es zu vermeiden. Persönliche Überlastung belastet Ihr Liebes- und Familienleben und reduziert unmittelbar Ihre Lebenserwartung: »Zu viel Stress raubt Lebensjahre und bringt Sie näher an die Bahre«.

Zu wenig Aufgaben, Langeweile oder sich für nichts zu interessieren, bringt Sie auch nicht weiter. »Bore-out« ist der neue Begriff dafür. Verzichten Sie also nicht auf sinnvolle Aufgaben, auch zum Beispiel ein Ehrenamt, falls Sie vorzeitig in Rente sind oder Sie arbeitslos geworden sein sollten. Auch Hausfrauen und Mütter, die ihr ganzes Herzblut in die Erziehung der Kinder gesteckt haben, brauchen, wenn die »Kleinen flügge geworden sind«, neue Aufgaben und Ziele. Suchen Sie sich etwas, was Ihnen Spaß macht und Ihrer Gesundheit guttut. Rücken Sie in Ihrer Ehe wieder etwas dichter zusammen. Suchen Sie sich ein gemeinsames Projekt oder pflegen Sie Ihre gemeinsamen Hobbys. Gehen Sie nicht gleich mit dem Tennistrainer durch. Das bereitet allen Beteiligten nur Stress und raubt Lebensjahre.

Sind Sie Single, schaffen Sie sich einen Hund an, der zu Ihnen passt. Hundebesitzer leben länger und gesünder. Ihr Hund führt Sie regelmäßig Gassi. Gehen Sie nicht mit, haben Sie das Ergebnis auf dem Teppich. Hundebesitzer haben statistisch eine um acht Jahre längere Lebenserwartung. Hundebesitzer kommen besser unter Leute und mit anderen Menschen besser ins Gespräch. Mit einem Hund sind Sie nie allein und Sie haben regelmäßig Bewegung. Ist Ihr Hund gut erzogen, dann sollte er zur Stressbekämpfung geeignet sein.

Dazu gehört auch ein guter Schlaf! Sechs bis acht Stunden im mittleren Erwachsenenalter sind sinnvoll. Schlafen Sie länger oder deutlich kürzer, nimmt das Risiko für Herzkreislauf-Erkrankungen statistisch eher zu. Tragischerweise sinkt unser Schlafbedürfnis mit steigendem Lebensalter. Wenn wir in der Rente endlich ausführlich ausschlafen könnten, hat die Natur anderes für uns vorgesehen. Dann nicht mit Schlaftabletten experimentieren, sondern eben kürzer schlafen, Bücher lesen, Zeitung austragen oder die freie Zeit in der Natur oder im Kreis der Familie genießen. Ein guter Schlaf ist enorm wichtig für unsere Gesundheit. Im Schlaf regenerieren sich Ihre Hautzellen. Es gibt ihn also wirklich, den »Schönheitsschlaf«. Sie sind ausgeschlafen besser erholt, haben Ihr Gedächtnis vertieft. Körper und Seele haben sich erholt,

das Immunsystem wurde gestärkt und Wachstumshormone ausgeschüttet. Bei gutem Schlaf können Sie drei Jahre plus auf Ihre Lebensstatistik schreiben. Haben Sie zu wenig geschlafen, leidet das Sprachzentrum im Gehirn zuerst. Vorsicht, wenn Sie nächtliche Atempausen machen. Dann haben Sie vielleicht ein Schlafapnoe-Syndrom. Sie sollten in diesem Fall nicht auf einen abklärenden Ausflug ins Schlaflabor verzichten. Dort wird man Ihnen helfen, Sekundenschlaf zu vermeiden, Sie bekommen seltener Herzrhythmusstörungen, weniger Stoffwechselprobleme mit Gewichtszunahme und Diabetes mellitus und fühlen sich tagsüber wieder leistungsfähiger. Es fallen Ihnen auf der Autobahn weniger die Augen zu. Unfälle werden vermieden, Sie und Ihre Mitmenschen leben länger und gesünder.

Vergessen Sie nicht, regelmäßig Zahnpflege zu betreiben. Gepflegte Zähne verschaffen Ihnen weitere sechs Jahre plus auf Ihrer persönlichen Lebenserwartungsstatistik. Schlechte Zähne streuen krankheitserregende Keime in Ihren Körper. Auf den Herzklappen und eventuell vorhandenen Kunstgelenken können die Bakterien großen Schaden anrichten. Das kann lebensgefährlich werden und ist nebenbei kostspielig. Verzichten Sie deshalb nicht auf regelmäßige Zahnpflege und besuchen Sie zur Vorsorge gelegentlich Ihren Zahnarzt. Die Krankenkassen wissen das auch und vergeben Bonuspunkte auf zweimal jährliche Zahnkontrolle.

Schöne Zähne erlauben Ihnen ein regelmäßiges herzhaftes Lachen. Auch darauf sollten Sie nie verzichten. Lachen fördert die Durchblutung in allen Organen. Es setzt Endorphine frei, macht also auch ein bisschen süchtig. Lächeln vermeidet Stress, verbindet Menschen miteinander. Lachen stärkt das Herz und das Immunsystem. Wer mehr lacht, wird weniger krank, hat die bessere Verdauung und wird weniger dick. Beim Lachen können Sie nicht gleichzeitig essen. Wenn Sie heulen, können Sie ganze Pralinenschachteln nebenher leeren. Das schaffen Sie lachend nicht, Sie würden ersticken. Leben Frauen länger, weil sie doppelt so oft lachen wie Männer? Wir Deutschen lachen gerne über andere, noch besser wäre, wir könnten auch gelegentlich über uns selber lachen. Lachen fördert die Gemeinschaft und hilft am Arbeitsplatz und in der Familie. Lachen Sie also so oft wie möglich, Lachen ist gesund, wer lacht, lebt länger und gesünder.

Gut gestimmte Menschen finden leichter Freunde. Es ist so traurig, sich allein zu freuen. Also teilen Sie Ihre Freude mit anderen. Achten Sie auf Ihre Gedanken, Gestik und Mimik. Positives Denken wirkt sich unmittelbar auf Sie selber aus. Wer dauernd über seinen Sorgen brütet, dem schlüpfen sie noch aus. Umgeben Sie sich also mit positiven Menschen, seien Sie selbst möglichst gut drauf. Wer sich immer mit dem worst case befasst, kann keine positiven Ideen entwickeln. Lassen Sie Ihre Mitmenschen auch mal glänzen. Delegieren Sie und finden lobende Worte für auch noch so kleine positive Ergebnisse. Sie und Ihre Mitmenschen werden daran wachsen und den Alltag besser mit Genuss bewältigen. Verpacken Sie gegebenenfalls notwendige Kritik in ein bisschen Humor. Lieber gemeinsam lachen und dann was besser machen, als sich genervt angranteln und auf positive Verbesserung durch Verbitterung verzichten. Wer auf Generalabrechnungen verzichtet und die Mitmenschen auch gelten lässt, wie sie sind, wird selber besser durch den Alltag kommen und insgesamt schönere Tage verbringen.

Nützen wir die guten Inhaltsstoffe unserer Nahrung

Reiner Verzicht bringt es nicht! Der Klinikalltag zeigt es immer wieder. Lassen Sie sich nicht irgendwelche unsinnigen, ja gefährlichen Nahrungsregime aufzwingen. Gerne werden vermeintlich gefährliche Keime im Darm für dies und das angeschuldigt und dann bekämpft. Dabei sind die »Keime im Darm« unsere liebenswerte Darmflora, auf die Sie nicht verzichten sollten. Vier Kilogramm davon hat jeder gesunde Erwachsene und jedes Kilogramm ist wertvoll zum Erhalt der Gesundheit. Die Darmflora schützt unser Immunsystem, sorgt für eine ausgeglichene Verdauung und schützt Sie im Idealfall auch vor Übergewicht. Also lassen Sie sich nicht gegen Geld Pülverchen aufdrängen und halten Sie keine abstrusen Diäten ein. Sie werden sonst eventuell richtig krank. Sollte Ihre Darmflora durch Operationen, Antibiotikum-Langzeiteinnahme oder Schmerzmitteleinnahme gelitten haben, dann helfen Sie ihr auf natürliche Weise auf die Sprünge. Nehmen Sie Milchzucker und zwar so viel, dass Sie auf zwei geformte Stuhlgänge pro Tag kommen. Haben Sie weniger, nehmen Sie mehr Milchzucker. 12 Wochen regelmäßig und Ihre Darmflora wird es Ihnen danken. Wichtig ist dabei, an die Ballaststoffe in Ihrer Nahrung zu denken. Auch das gefällt der Darmflora. Viel Obst und Gemüse regelmäßig über den Tag verteilt und Sie sind gut gesättigt und mit vielen guten Pflanzenstoffen versorgt. Dem Apfel mit Schale kommt hier eine große Bedeutung zu. An apple a day keeps the doctor away? Ja stimmt, ein Apfel täglich kann Ihnen gesundheitlich wirklich weiterhelfen: Die Verdauung wird geregelt, Bor und Quercetin aus dem Apfel machen schlau, Blutfette und Blutzucker werden reguliert. Q10 zur Energieversorgung der Zellen wird aktiviert. Das ist besonders wichtig für Menschen, die Fettsenker oder Blutdrucksenker einnehmen müssen und Q10 dadurch verlieren. Der Apfel schützt vor Bakterien und Viren, sein Pektin schützt vor Bleivergiftungen, Magen und Darm werden geschützt. Also auf keinen Fall auf den Verzehr von Äpfeln verzichten! Hier lohnt sich bewusster Genuss.

Für unser Immunsystem förderlich sind die guten Inhaltsstoffe aus unserer Nahrung. Fünfmal täglich Obst oder Gemüse geht prima, reguliert Ihr Körpergewicht und erlaubt Ihren Speiseplan genussvoll passend zur Jahreszeit zu gestalten. Viele Schutzstoffe der Pflanzen schützen vor Krebsentstehung und gegen Entzündungen. Gleichzeitig vermindern sie die Sauerstoffradikale und manche senken auch die Blutfette. Das schützt vor Arteriosklerose, Herz- und Gehirnschlag, die Durchblutung bleibt besser. Davon profitiert der gesamte Körper, vor allem aber auch das Gehirn. Sie bleiben schlauer. Protease-Hemmstoffe, z.B. aus Hülsenfrüchten, können sich positiv auf den Blutzuckerspiegel auswirken. Hunderttausend verschiedene Pflanzenstoffe sind mittlerweile bekannt. Über eine gesunde Mischkost können wir täglich 1,5 g davon zu uns nehmen. Nahrungsergänzungsmittel schneiden bei Untersuchungen weltweit deutlich schlechter ab. Unser Körper nimmt natürliche Nahrungsmittel besser auf und verstoffwechselt sie problemlos. Gefährliche Überdosierungen sind nur bei einseitiger Ernährung möglich. Mit Pillen und Pülverchen schafft man das ganz leicht.

Für unser Gehirn und seine gute Leistungsfähigkeit ist vor allem ausreichend Wasser erforderlich. Das Gehirn besteht zu 75 %

aus Wasser und leidet als erstes unter Wassermangel. Schon wenn Sie eine trockene Zunge haben, merkt es bereits Ihr Gehirn. Wir werden unkonzentriert, ungeduldig und oft auch etwas müde. Es kann zu Sehstörungen und Kopfschmerzen kommen. Warum sollten wir auf ein preisgünstiges Nahrungsmittel wie Wasser verzichten? Erst recht, wenn es noch jede Menge wertvolle Mineralstoffe, wie Magnesium, Calcium, Natrium etc., enthält. Trauen Sie Ihrem Leitungswasser nicht viel zu, so suchen Sie sich ein Mineralwasser, das zu Ihnen passt und Ihnen vor allem schmeckt. Nur was schmeckt, wird regelmäßig mit Genuss genossen.

Das gilt insbesondere für den gezielten Genuss von Kaffee. Kaffee macht eine angenehme Anregung des Gehirns, er wirkt antidepressiv und macht ein wenig abhängig. Eine Dosis-Steigerung, wie bei anderen Suchtmitteln, tritt in aller Regel jedoch nicht ein. Drei bis vier Tassen pro Tag, maximal sechs, um das Calcium nicht aus dem Körper zu spülen, und Sie können eine Steigerung der geistigen Leistungsfähigkeit schon 20–30 Minuten nach dem Konsum erwarten. Kaffee erweitert die Bronchien, das lindert bei Asthma bronchiale. Studien belegen einen Schutz vor dem vorzeitigen Auftreten eines Morbus Parkinson und überhaupt sind Kaffeetrinker sexuell aktiver. Kaffee mit seinem Koffein ist eines der wenigen von der NADA (Antidoping-Agentur) zugelassenen Mittel zur Leistungssteigerung. Vor allem nach mehrtägiger Koffeinkarenz eingenommen, wird die Konzentration und Sauerstoffaufnahme gefördert, was sich so positiv auf die muskuläre Leistungsfähigkeit und insbesondere auf die Ausdauerleistung auswirkt.

Grüner Tee steigert die Konzentration nicht ganz so intensiv, seine Wirkung hält aber dafür länger an. Er wirkt sich positiv auf die Blutfette aus, schützt Magen und Darm, enthält viele Mineralstoffe und ist somit gut für den Knochen. Länger gezogen schmeckt er zwar bitter, sei aber gut gegen Falten im Gesicht.

Eine gleichmäßige ausgewogene Ernährung bringt auch das

Gehirn weiter. Nüsse, Knoblauch verbessern die Durchblutung und sind antidepressiv wirksam. Alle B-Vitamin-haltigen Nahrungsmittel sorgen für gute Nerven, eine gute Sauerstoffversorgung des Gehirns und halten Sie leistungsfähig, auch wenn mal wieder mehr Arbeit anfällt. Vor allem Vitamin B12 nimmt der Mensch am einfachsten aus Fleisch auf. Besonders reichlich ist B-Vitamin im Schweinefleisch. Sollte aus Glaubensgründen nichts dagegen sprechen, lohnt sich der Verzicht auf gelegentlichen Genuss von Schweinefleisch nicht. Dies gilt genauso für Rheumatiker. Große Studien weltweit haben dies belegt. Es gibt keinen Zusammenhang zwischen Rheuma und Fleischkonsum. Insbesondere die heranwachsende Jugend sollte, um konzentriert und leistungsfähig zu sein, gelegentlich ein ausgesuchtes Stück Fleisch bekommen.

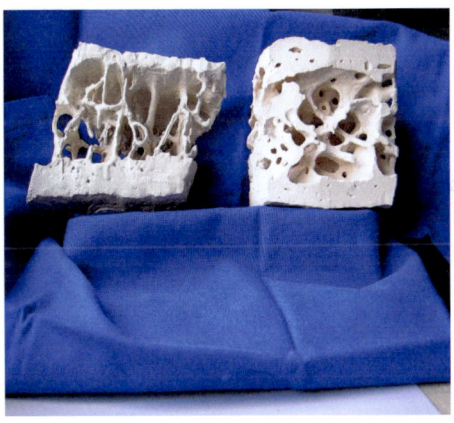

Osteoporotischer und gesunder Knochen

Für unseren Knochen brauchen wir eine calciumreiche und Vitamin D-haltige Ernährung sowie ausreichend Magnesium. Wer regelmäßig Milchprodukte genießt, kann eigentlich nichts falsch machen. Haben Sie eine nachgewiesene Laktoseunverträglichkeit, so brauchen Sie noch lange nicht auf Hartkäse verzichten.

Lassen Sie sich richtig beraten. Vermeiden Sie die Calciumräuber, die Ihnen das Calcium aus dem Knochen rauben. Dazu zählt das Koffein bei einer Menge von mehr als vier Tassen Kaffee pro Tag oder hochkonzentrierte koffeinhaltige Getränke wie Cola, Red Bull oder Ähnliches. Zu viel Frischkorn ist ebenfalls schädlich, die darin enthaltene Phytinsäure bindet das Calcium und scheidet es aus. Zu viel Phosphat aus Wurstwaren, Fertiggerichten und Cola raubt ebenfalls Calcium aus dem Körper. Auch bei Oxalsäurehaltigen Nahrungsmitteln lohnt sich dosierter gezielter Genuss, also nicht im Übermaß. Hierzu zählen Rhabarber, Rote Bete, Mangold, Kakao und Schokolade. Essen Sie zu fettreich und trinken zu viel Alkohol, dann wird Calcium im Darm schlechter aufgenommen. Sie bekommen eher schwache Knochen. Gezielter reichlicher Genuss lohnt sich zur Verbesserung des Vitamin-D-Spiegels beim Verzehr von Kaltwasserfischen. Sie sind sehr gute Vitamin-D-Lieferanten und enthalten zudem die wertvollen Omega-3-Fettsäuren. Vitamin D ist nicht nur wichtig für den Knochen, die Muskulatur, die Koordination und zum Schutz des Immunsystems. Haben Sie einen guten Vitamin-D-Spiegel, so schützt Sie das statistisch gesehen vor Brust-, Prostata- und Darmkrebs. Die Vitamin-D-Bildung wird durch Sonnenbestrahlung aktiviert. Daher neigen wir insbesondere in den Wintermonaten zu Vitamin-D-Mangel. Hier lohnt sich sogar gelegentlich die Einnahme einer Vitamin-D-Kapsel. Lassen Sie sich Ihre Werte aber vorher bestimmen. Nicht einfach etwas einnehmen, Überdosierungen machen kraftlos und mager.

Zur Stressbekämpfung können unsere Nahrungsmittel ebenfalls gut beitragen. Eine gezielte Auswahl macht Sinn. Frustessen macht Stress und Übergewicht und bringt niemanden weiter. Magnesiumhaltige Nahrungsmittel wie Mineralwässer, Vollkornprodukte, Milchprodukte, Geflügel, aber auch Rotwein und Schokolade, wirken stressmindernd. Hier gilt ganz besonders der gezielte, aber auch dosisorientierte Genuss! Zu viel Alkohol schadet dem

Gesamtmensch und seinen Mitmenschen und zu viel Schokolade schadet der Figur und dem Knochen. Viel hilft hier also nicht viel, im Gegenteil. Gleiches gilt für Zimt, Haferflocken und Nüsse. Sie wirken hervorragend stressmindernd. Die Nüsse sorgen zusätzlich für statistische Lebensverlängerung: Vier bis fünf Nüsse pro Tag verlängern durchschnittlich die Lebenserwartung der Männer um 5,6 Jahre, die der Frauen um 4,9 Jahre.

Für unsere Hormone: Phytoöstrogene für die menopausalen Frauen aus Maisprodukten, Soja, Salbei, Rotklee, Hopfen, Gelee Royale usw. können bei schwachen Beschwerden in den Wechseljahren helfen. Übrigens, positive Hormonentwicklung für Frauen und Männer ist auch durch regelmäßige moderate Bewegung zu erwarten. Bewegung fördert die Glückshormonausschüttung. Aus Glückshormonen, Serotonin, können Geschlechtshormone und Schlafhormon gebildet werden. Beides macht glücklich. Stimmt der Schlaf und das Liebesleben, ist der Mensch leistungsfähig und insgesamt besser drauf. Also verzichten Sie nicht auf eine positive Hormonentwicklung. Klappt es auf natürliche Weise nicht ausreichend, dann müssen Sie eventuell Hormone einnehmen, aber nur nach ärztlicher Abklärung. Verzicht lohnt sich hier nicht. Das gilt für beide Geschlechter.

Es sollte möglichst viel stimmen, damit Herz und Gehirn geschützt sind!

Verzichten Sie auch nicht auf eine vernünftige Vorsorge. Bluthochdruck, unbehandelt, oder ein ignorierter Diabetes mellitus können Ihre Gefäße zerstören. An Herz-Kreislauf-Erkrankungen sterben immer noch zu viele Menschen. Lassen Sie sich rechtzeitig beraten. Oft können auch eine geringe Lebensumstellung, etwas mehr Bewegung und eine ausgewogene vernünftige Ernährung, bereits weiterhelfen. Hat Sie Ihre Erbmasse eingeholt und es besteht ein Bluthochdruck, dann diskutieren Sie ihn nicht weg, Betrachten Sie die Einnahme eines blutdrucksenkenden Medikamentes nicht als Schwäche, sondern als Chance. Lassen Sie sich bewusst helfen. Messen Sie Ihren Blutdruck selbst und führen Sie eine Liste mit den erhobenen Werten. Die können Sie dann ideal mit Ihrem Hausarzt besprechen. Alles ist besser als eine Lähmung durch Schlaganfall oder eine Erblindung durch zu hohe, längere Zeit ignorierte Blutzuckerwerte. Hohe Blutdruckwerte und zu hohe Zuckerwerte spürt man lange nicht. Oft erst, wenn es zu spät ist. Regelmäßige Kontrolle der Blutdruck- und Blutzuckerwerte lohnen sich also.

Verzicht lohnt sich bei Umweltgiften wie Autoabgasen, Zigarettenrauch und zu viel Lärm. Raucher haben statistisch eine um sieben Jahre verkürzte Lebenserwartung. Rauchen macht süchtiger als Heroin. Deshalb besser nie anfangen, weil das Aufhören so schwer ist. Die Raucher setzen sich Giftstoffen aus, die kein Mensch sonst freiwillig aufnehmen würde: Blausäure, Formaldehyde, Benzole, Benzpyrene, Cadmium und Blei, Arsen, Nickel und Polonium. Bedenken Sie, im Nebenstromrauch sind die Gifte oft 30-mal konzentrierter als im Hauptstromrauch des Rauchers. Verzichten Sie gerne darauf, ein Passivraucher zu sein.

Menschen, die zu viel Lärm ausgesetzt sind, schlafen schlechter, haben öfter ein Burn-out, muskuläre Verspannungen und neigen zu Depressionen. Also die Musik ruhig mal leiser stellen oder ganz auslassen. Stattdessen spielen Sie lieber Karten und verbuchen 2,5 Jahre Lebensverlängerung für sich. Kirchgänger leben nach einer Studie aus Colorado sieben Jahre länger. Liegt es allein am Gesang in der Kirche? Singen und Tanzen wirken antidepressiv und lebensverlängernd

Verzichten Sie nicht auf notwendige Hilfsmittel zum Erhalt Ihrer Lebensqualität: Sollten Sie zu Schwellung Ihrer Beine neigen, lassen Sie das abklären, genießen Sie das Tragen vernünftiger Kompressionsstrümpfe. Passgerecht, farblich schön, Ihre Beine kommen leichter über den Tag und Sie müssen nicht nachts mehrfach aufstehen, um das angesammelte Wasser wieder los zu werden. Das Gleiche gilt für das Tragen angenehmer Kleidung und passendes Schuhwerk. Nicht zu eng, Absätze nicht zu hoch. Auch Kleidung und Schuhwerk tragen zum Wohlfühlen bei. Wer sich in seiner Kleidung gerne bewegt, bewegt sich öfter und lieber. Wer mit beiden Füßen gut auf dem Boden steht, profitiert über alle Beingelenke, die Wirbelsäule bis zum Kopf.

Im Grunde ist es doch recht einfach: Im vielfältigen Genuss steckt das Geheimnis einer gesunden Lebensführung. Unser moderner Lebensstil verführt zur Einseitigkeit und das nicht nur bei der Ernährung. Wir sollten wieder Kochen lernen, am besten im Kreis der Familie. So kann man den bewussten Umgang mit wertvollen Lebensmitteln wieder neu erfahren. Und wir sollten wieder das Bewegen lernen. Seien Sie doch egoistisch und tun Sie sich selbst etwas Gutes. Ihre Gesundheit wird es Ihnen danken und Ihr Arzt findet bestimmt noch genügend andere Patienten, die er behandeln kann.

Ausführliche Informationen zu diesem Thema finden Sie in meinem Ratgeber: »Mit Genuss gesund durchs Leben – Warum Verzicht nicht alles ist«. Spaß und eine gute Unterhaltung kommen darin nicht zu kurz.

Vita Dr. Susanne Kümmerle

Frau Dr. Susanne Kümmerle ist Ärztin und arbeitet seit über 30 Jahren in der Fachklinik Oberstdorf. Ihre Schwerpunkte sind die ganzheitliche Medizin, Naturheilverfahren und die Gesundheitsbildung von Kindern, Jugendlichen und Erwachsenen. Ihr Hauptanliegen ist dabei, dass wir wieder lernen, unser Leben bewusst zu genießen. Sie hält dazu deutschlandweit Vorträge und arbeitet auch eng mit Unternehmen, Krankenkassen und Schulen zusammen. In der Fachklinik Oberstdorf hat sie das »Fatburner-Programm« etabliert zu einer moderaten, dauerhaften Gewichtsreduktion ohne Verzicht. Sie ist Autorin des erfolgreichen Ratgebers: »Mit Genuss gesund durchs Leben – Warum Verzicht nicht alles ist«, erschienen im BONNEVIE-Verlag (ISBN 978-3-00-051815-7). Der Ratgeber erscheint mittlerweile in vierter, aktualisierter Auflage.

Privat liebt Frau Dr. Kümmerle Bewegung an der frischen Luft und gutes Essen, insbesondere, wenn es von ihrem Mann zubereitet wurde. Passend zum Ratgeber hat sie zusammen mit ihm ein Kochbuch verfasst mit vielen abwechslungsreichen Rezepten, in denen auch über die wertvollen Inhaltsstoffe der Zutaten informiert wird. Es heißt: »Mit Genuss gesund durchs Leben – Das Kochbuch«, das ebenfalls im BONNEVIE-Verlag erscheinen wird. Unter www.gesundes-altwerden.de können Sie sich jederzeit informieren.

Ausweg
Wer krank ist, wird zur Not sich fassen,
gilts dies und das zu unterlassen.
Doch meistens zeigt er sich immun,
heißt es dagegen was zu tun.
Er wählt den Weg meist, den bequemen,
was ein-, statt was zu unternehmen!

Eugen Roth (* 24. Januar 1895 in München; † 28. April 1976 ebenda) war ein deutscher Lyriker und populärer Dichter meist humoristischer Verse. Mit seinen heiter-nachdenklichen »Ein Mensch«-Gedichten und Erzählungen gehört er zu den meistgelesenen Lyrikern im deutschsprachigen Raum.

Lutz Meissner – Muskeln Sie mal wieder – ein einfacher Weg zu mehr Gesundheit

Wer sich nicht bewegt, rostet ein.
Erfolgsorientiertes Training des Bewegungsapparates
Der Satz »ich war schon immer wenig sportlich« ist eine mehr oder weniger faule Ausrede. Auch der Besuch etwa eines Fußballspieles oder drei Stunden Sportschau im Fernsehen kann wohl kaum als Beweis für das Gegenteil herhalten. Der Mensch ist nun einmal für die Bewegung geschaffen und sollte demzufolge auch hier etwas für seine Gesundheit tun.

Ein gesundes und erfolgreiches Training des Bewegungsapparates orientiert sich an der Funktion und dem Aufbau des menschlichen Körpers. Dabei steht die Wirbelsäule als tragendes Organ im Vordergrund. Für ein funktionelles Training sind neben »Stabilität und Mobilität« auch »Haltung und Bewegung« wichtig. An einigen Beispielen wird hier auf Gefahren im Freizeitsport hingewiesen. Mit einfachen Übungsformen werden alternative Möglichkeiten aufgezeigt.

Im Vordergrund steht die Gesundheit. Sie ist unbedingte Voraussetzung und nicht Ziel eines Trainings mit dem Bewegungsapparat. Der Ablauf körperlichen Trainings sollte umfassen: Stabilisation – Mobilisation – Dehnen – Kräftigen.

Dem Neu- und Wiedereinsteiger in den Sport – insbesondere »älteren« Personen (über 50 Jahre) – kann durch die Zusammenarbeit zwischen Medizinern und Sportpädagogen wichtige Hilfestellung gegeben werden. So können mögliche Gefahren minimiert sowie Motivation und Gesundheitseffekt optimiert werden. Das gilt in besonderem Maße, wenn bei den Betreffenden bereits gesundheitliche Störungen am Herz-Kreislauf-System oder Bewegungsapparat vorliegen. Gesundheit verlangt Fleiß. Nur permanentes Üben wird den langfristigen Erfolg sichern.

Also: Mit Verstand und Tat zum sportlichen Ausgleich.

Der Wert einer heute höheren Lebenserwartung hängt stark von der gleichzeitig erzielten Lebensqualität ab. Doch die Sicherung dieser Lebensqualität verlangt eine Reihe von Vorsorgemaßnahmen, die im hohen Maße durch angepasstes Ernährungsverhalten und geeignete sportliche Betätigung zu realisieren sind. Die Problematik hierbei liegt aber weniger in der Auf-klärung und Akzeptanz dieser schlichten Tatsachen, sondern vielmehr in der praktischen Um-setzung in der individuellen Alltagssituation. Diese Akzeptanz einerseits und der gesundheitliche Effekt sportlicher Betätigung andererseits hängen wesentlich von der auf den Einzelnen abzustimmenden Methode und Dosierung ab.

Hallo Wach
5 Minuten Frühsport
Von der Entspannung (Schlaf) zur Bewegung (Ausgangsstellung: Rückenlage im Bett
ruhiges Tempo – Melodie der Bewegung)

1. Winke-Winke Beine angebeugt, Füße in der Luft: im Wechsel Fersen zum Gesäß führen – bis zu 10 und mehr Wiederholungen	
2. Fersendruck Beine angebeugt, Füße auf der Unterlage: Beine rechts und links im Wechsel (Fersen mit Bodenkontakt) ausstrecken – bis zu 10 und mehr Wiederholungen	
3. Gesäßhub Beine angebeugt, Füße auf der Unterlage: Gesäß anheben und ablegen – bis zu 10 und mehr Wiederholungen	

4. Venenpumpe im Wechsel langsam anheben und ablegen, dabei Füße pumpend mitbewegen – bis zu 10 und mehr Wiederholungen	
5. Körperdreher Beine angebeugt, Füße auf der Unterlage: Knie im Wechsel nach rechts und links ablegen – bis zu 10 und mehr Wiederholungen	
6. Aufsitzer Über die Seite an den Bettrand setzen. Drücken Sie nun die Fäuste in die Bettunterlage und richten den Oberkörper ganz auf – bis zu 10 und mehr Wiederholungen	
Körperstrecker Stellen Sie sich hin, strecken Sie die Arme nach oben und richten Sie den ganzen Körper auf – bis zu 10 und mehr Wiederholungen	
Balance Putzen Sie Ihre Zähne und stehen dabei auf einem Bein. Hand und Bein mehrmals wechseln.	

Die stündliche Bewegungspause »Die 4 katholischen Übungen von Fulda«

Ausgangsposition: Stand oder Sitz

1. »Elisabeth« Ellenbogen rechtwinklig anbeugen, Ellenbogen und Schultern weit nach hinten drücken	
2. »Dyba« Arme in U-Halte nach hinten drücken	
3. »Bonifatius« Hände über dem Kopf falten, Ellenbogen angewinkelt weit nach hinten drücken	
4. »Papst Benedikt« Hände über dem Kopf falten, Ellenbogen gestreckt, Arme gerade weit nach hinten drücken	

Ausgleichsübungen nach langen Autofahrten

Ausgangsstellung ist die Bauchlage – jede Übung bis zu eine Minute durchführen.
Alle Übungen nur bis zur Spannungs- bzw. Schmerzgrenze durchführen.

1. Legen Sie sich flach auf den Boden, die Hände unter die Stirn. Nun bewegen Sie sich leicht nach rechts und links.	
2) Aus der Position der 1. Übung stützen Sie sich auf die Ellenbogen und schauen im Wechsel zur Decke und zum Boden.	
3) Aus der Position der 2. Übung strecken Sie die Ellenbogen und dabei hebt sich der Oberkörper an, Becken bleibt am Boden.	

Arbeitsausgleichsgymnastik

Die Ausgangsstellung ist die Rückenlage. Am Anfang jede Übung dreimal, später bis zu zehnmal wiederholen. Dabei ist es wichtig, die Übungen in ruhigem Tempo (Melodie der Bewegung) durchzuführen.

Nacken-Schulterbereich

1. Kopf seitwärts im Wechsel zur rechten oder linken Schulter neigen.	
2. Kopf im Wechsel zur rechten oder linken Schulter drehen.	
3. Kopf im Wechsel (Kinn zur Brust) anheben und (Kinn rausschieben) ablegen.	
4. Hände hinter dem Kopf falten, Kopf- und Schultergürtel im Wechsel nach rechts oder links neigen.	
5. Hände hinter dem Kopf falten. Kopf und Schultergürtel im Wechsel nach rechts oder links drehen.	
6. Hände hinter dem Kopf falten, Kopf und Schultergürtel im Wechsel anheben (Kinn raus).	

Rumpf

1. Rechtes oder linkes Bein im Wechsel diagonal zur entgegengesetzten Schulter anziehen und ablegen.	
2. Beine angebeugt, beide Beine nach rechts oder links im Wechsel drehen, Kopf dreht entgegengesetzt.	
3. Beine angebeugt, beide Beine im Wechsel zur rechten oder linken Schulter anziehen und angebeugt abstellen.	
4. Beine angebeugt, Gesäß bis zur Hüftstreckung anheben und wieder ablegen.	
5. Hände hinter dem Kopf falten, linker Ellenbogen und rechts Knie zusammenführen, dann entgegengesetzt.	
6. Beine angebeugt, beide Beine im Wechsel nach rechts oder links drehen. Kopf dreht entgegengesetzt.	

Ganzkörper

1. Hände hinter dem Kopf falten, Beine gebeugt, beide Knie mit den Ellenbogen zusammenführen.	

2. Hände hinter dem Kopf falten, Beine angebeugt, beide Beine im Wechsel nach rechts oder links drehen, Kopf dreht entgegengesetzt.	
3. Hände hinter dem Kopf falten, Beine gebeugt, Gesäß bis zur Hüftstreckung anheben und ablegen.	
4. Hände hinter dem Kopf falten, Beine angebeugt, beide Beine im Wechsel nach rechts oder links drehen, Kopf dreht entgegengesetzt.	
5. Beide Hände umfassen beide Knie, Körper rollt hin und her bis der Nacken oder die Füße im Wechsel den Boden berühren.	
6. Hände hinter dem Kopf falten, beide Beine gestreckt, Gesäß leicht anheben und ablegen.	

Übungen mit und ohne **Hanteln für den Schultergürtel**

Ausgangsstellung: Stand

1. Arme hängen – Arme nach innen und außen drehen a) in gleiche Richtung b) in entgegensetzte Richtung	

2. Arme hängen – Ellenbogen beugen und strecken a) beide gleichzeitig b) im Wechsel	
3. Ellenbogen rechtwinklig anbeugen – Ellenbogen seitlich anheben (Daumen nach oben)	
4. Ellenbogen rechtwinklig anbeugen – Unterarme weit nach außen und innen bewegen	
5. Arme in U-Halte – Unterarme zusammen- und auseinanderführen	
6. Arme in U-Halte – wie 1)	
7. Arme hängen – Arme im Wechsel gestreckt nach oben und unten führen	
8. Arme hängen – Arme gestreckt seitlich anheben (Daumen nach oben)	

Zwei Wasserflaschen als Hanteln benutzen!!!
Kräftigung der Beinmuskulatur

1. Zehenstand (je 30 und mehr Wiederholungen) a) beidbeinig b) einbeinig	
2. Fersenstand (30 und mehr Wiederholungen oder bis zu 60 Sek. auf den Fersen laufen)	
3. Kniebeuge (je 30 und mehr Wiederholungen) a) beidbeinig b) einbeinig ACHTUNG: Knie nur bis 90° anwinkeln!!!	

Dehnübungen

Wichtige Hinweise:
Üben Sie nicht, wenn Sie unter Schmerzen leiden.
Führen Sie die Übungen langsam und kontrolliert aus. Niemals ruck- und schwungartig.
⤳ bedeutet: Dehnen Sie sich in dieser Richtung mit einer langsamen pumpenden Bewegung – den Muskel durchsaften.
⟶ dieser Pfeil gibt die Bewegungsrichtung an.
Atmen Sie bei allen Übungen normal weiter.
Üben Sie mit Ruhe und entspannen Sie sich dabei.

Dehnung Oberschenkelmuskulatur (Vorderseite)
Fassen Sie einen Fuß und führen Sie das gebeugte Knie an das Standbein heran. Schieben Sie nun langsam das gebeugte Knie nach hinten. Hinweis: Beckenstabilität. Ca. 2 x 20 Sek.

Dehnung Hüftmuskulatur
Stellen Sie ein Bein angewinkelt auf eine höhere Stufe. Schieben Sie das Becken langsam unten ca. 2 x 20 Sek. pro Bein. Variante: Ferse des unteren Beins aufstellen.

Dehnung seitliche Rumpfmuskulatur
Stellen Sie sich seitlich vor die Treppe und stützen Sie das treppennahe Bein gestreckt auf eine höhere Stufe. Strecken Sie nun den treppenfernen Arm seitlich über den Kopf. Die andere Hand stützt auf der Hüfte. Ca. 2 x 20 Sek. pro Seite.

Dehnung Beinrückseite Rückenlage – Ein Knie mit den Händen umfassen. Das andere Bein nach oben strecken. Die Ferse rausschieben und das Gesäß dabei auf dem Boden liegen lassen. Ca. 2 x 20 Sek. pro Bein.	**Ganzkörperdehnung** Seitlage – beide Beine auf die rechte Seite legen. Die Knie und Hüftgelenke sind im 90°-Winkel. Nun langsam den Rücken ablegen und den linken Arm diagonal nach links oben auf dem Boden strecken. Ca. 2 x 30 Sek. pro Seite	**Dehnung Brustmuskulatur** Rutschhalte – beide Arme flach über den Boden nach vorne und zur Seite bewegen. Das Gesäß zieht nach hinten. Hinweis: Bei Schulterbeschwerden die Arme angewinkelt auf den Boden legen. Ca. 60 Sek.

Wadendehnung I	Wadendehnung II	Dehnung Beinaduktoren	Dehnung Beinaduktoren
Stützen Sie Ihre Hände gegen eine Wand und strecken Sie ein Bein nach hinten. Drücken Sie nun langsam die Ferse mit gestrecktem Knie auf den Boden. Ca. 30 Sek. je Seite.	Stützen Sie Ihre Hände gegen eine Wand und stellen Sie die Beine in eine angenehme Schrittstellung. Beugen Sie nun stärker das vordere Bein im Kniegelenk. Die Ferse behält Bodenkontakt. Ca. 30 Sek. je Seite.	Sitz – beide Knie anwinkeln. Fußsohlen gegeneinander legen. Die Hände stützen den Oberkörper ab. Die Knie aktiv nach unten drücken und Oberkörper dabei aufrichten. Ca. 60 Sek.	Sitz – das rechte Bein auf dem Boden strecken, das linke Bein angewinkelt über das rechte Bein setzen. Das linke Knie mit aufgerichtetem Oberkörper zur rechten Schulter ziehen. Ca. 2 x 20 Sek. pro Seite.

Nicht üben schwächt – Üben stärkt den Körper!
Übertraining schadet – dosiertes Training hilft!

Vita Lutz Meissner

Jahrgang 1948

1954–1966 Schulausbildung in Fulda
1966–1969 Ausbildung zum Physiotherapeuten (KG/PT) in Berlin
1970–1976 Zusätzliche Fort- und Weiterbildungen in der Schweiz, in Norwegen, in den USA, in Schweden und in Deutschland
Seit 1976 Selbständiger Krankengymnast/Physiotherapeut in Fulda

Spezialisierungen auf den Gebieten der Rheumatologie (Schweiz), Manuellen Therapie (Norwegen und Deutschland), Neurophysiologie/PNF (USA), Sportphysiotherapie (ZVK und DOSB), Übungsleiterlizenzen (Allgemein und Skinordisch), Medizinischer Co-Trainer des ZVK, Berufsbegleitende Ausbildung zum Gesundheitspädagogen (1998–2000).

Zahlreiche Veröffentlichungen auf dem Gebiet der Krankengymnastik/Physiotherapie und des Sports.

Von 1983–2000 Leiter der Arbeitsgemeinschaft Sportmedizin im Deutschen Verband für Physiotherapie – Zentralverband der Physiotherapeuten/Krankengymnasten (ZVK) e.V.
Lehrtherapeut des Deutschen Sportbundes (DOSB)
Referent an der Trainerakademie in Köln

Seit 1983 Trainer, Übungsleiter und medizinischer Betreuer von Mannschaften und Einzelsportlern (u.a. 1. FC Kaiserslautern, Eintracht Frankfurt, Bayer Leverkusen, Kickers Offenbach, Borussia Fulda, FT Fulda und der thailändischen Fußballnationalmannschaft).

Seit 1986 DOSB-Sportphysiotherapeut im DLV, bis 1998 Betreuer der Junioren Nationalmannschaft des DLV.
Zahlreiche Einladungen zu Vorträgen und Seminaren im In- und Ausland, u.a. Griechenland, Italien, Österreich, Schweiz, Israel, Indonesien, Thailand, Nepal, Korea, Vietnam, Uganda, Russland, Ägypten, China, Kenia, Argentinien und Puerto Rico.

»Das natürlichste und einfachste Abhärtungsmittel bleibt das Barfußgehen.«

Sebastian Anton Kneipp (* 17. Mai 1821 in Stephansried; † 17. Juni 1897 in Wörishofen) war ein bayerischer Priester und Hydrotherapeut. Er ist der Namensgeber der Kneipp-Medizin und der Wasserkur mit Wassertreten

Dr. Sabine Schäfer – Unsere Zivilisationskrankheiten! Woher kommen sie, wie sind sie zu heilen?

Heutige Krankheiten sind nachgewiesener Weise überwiegend ernährungsbedingt. Nicht nur Übergewicht ist zum Problem der heutigen Welt geworden, auch Krankheiten, die das Nervensystem betreffen, nehmen zu. So leiden immer mehr Menschen an Allergien, Hauterkrankungen, Autoimmunkrankheiten, Schlafstörungen, Erschöpfung, Depressionen, Unruhe, Verdauungsstörungen, Lebensmittelunverträglichkeiten, Diabetes, Kopfschmerzen und nervösen Herzbeschwerden.

Durch die geisteswissenschaftlichen Erkenntnisse Rudolf Steiners wird deutlich, dass die menschliche Ernährung völlig neu verstanden werden muss. Ernährung dient in erster Linie dem Nervensystem mit den Sinnesorganen. Sie ist damit Grundlage für unsere geistige Tätigkeit.

Wissenschaftlicher vermuten, dass etwa 75 % der chronischen Krankheiten in den industrialisierten Ländern durch eine falsche Ernährungsweise hervorgerufen werden. Dabei ist Übergewicht ein zentrales Gesundheitsproblem und betrifft alle sozialen Schichten. 15 % der Kinder und Jugendlichen in Deutschland sind übergewichtig und davon 6 % adipös. Im Erwachsenenalter erhöht sich die Zahl der Übergewichtigen auf 67 % der Männer und 53 % der Frauen und davon sind 23 % adipös mit weiter steigender Tendenz (1).

Die typischen Krankheiten der zivilisierten Welt zeigen auffallend häufig Störungen im Bereich des Nerven- und Sinnessystems. Kinder leiden immer mehr an mangelnder Koordinationsfähigkeit und Störungen der Fein- und Grobmotorik, Störungen des

Gleichgewichtssinnes, Konzentrationsstörungen und an Unruhezuständen. Hinzu kommen Krankheitserscheinungen eines geschwächten Nervensystems wie Migräne und Kopfschmerzen (jedes 6. Schulkind!) und Erschöpfung. Auch das sogenannte ADHS-Syndrom (Aufmerksamkeitsdefizit-/Hyperaktivitätsstörung) ist Ausdruck eines geschwächten Nervensystems. Mediziner gehen davon aus, dass gestörte Abläufe im Gehirn Ursache des Problems sind. Typisch ist eine geringe geistige Ausdauer. Jedes 5. Schulkind ist davon betroffen. Die 2013 vom Robert-Koch-Institut veröffentlichte KiGGS-Studie zeigt, dass in Deutschland 23 % der Kinder bis zum 17. Lebensjahr Neurodermitis, Asthma bronchiale oder Heuschnupfen haben – das ist fast jedes 4. Kind. Die psychischen Auffälligkeiten und Störungen haben stark zugenommen und die Adipositas-Rate bei Kindern hat sich seit 1999 verdoppelt. Jeder 5. Jugendliche leidet an Essstörungen (2).

Das vegetative Nervensystem als Teil des gesamten Nervensystems durchzieht den ganzen menschlichen Körper und hat sein Zentrum als Sonnengeflecht im Oberbauch. Ohne dass es ins Bewusstsein des Menschen tritt, entfaltet es seine Tätigkeit im Bereich des Stoffwechsels. Störungen des vegetativen Nervensystems wie Verdauungsprobleme mit Durchfall oder Verstopfung, Bauchschmerzen, Blähungen und die Neigung zu Fadenwürmern (Oxyuriasis) im Darm, häufige Lebensmittelunverträglichkeiten wie Laktose- oder Fruktoseintoleranz und eine Schwäche der exokrinen Bauchspeicheldrüsenfunktion sind so verbreitet, dass 20 % der deutschen Bevölkerung davon betroffen ist.

Auch Hauterkrankungen wie die Neurodermitis und Allergien, die wiederum verbunden sind mit Juckreiz, Unruhe und Überreiztheit, gehören zu den Krankheiten des Nervensystems. Haut und Schleimhäute stammen embryologisch vom Ektoderm, der Anlage des Nervensystems, und sind somit Organe des Nervensystems.

Bei rheumatischen Erkrankungen sind die umhüllenden Häute und Schleimhäute der Gelenke, Sehnen und Muskeln entzündet, es ist wie ein »Schnupfen« der Gelenke. Dauern die Entzündungen an, so führt das zu Zerstörungen von Geweben und Gelenken.

Auch unspezifische Beschwerden, die mit einem überreizten Nervensystem einhergehen, nehmen stetig zu. So klagen viele Menschen über Erschöpfung, nervöse Gereiztheit und depressive Verstimmungen.

Bei den weit verbreiteten Herzerkrankungen, heute die häufigste Todesursache, sind hoher Blutdruck und Herzrhythmusstörungen oft assoziiert mit Stress und Nervosität.

Schulmedizinisch gesehen gibt es keine wirkliche Heilung. Es werden entzündungshemmende Maßnahmen mit Medikamenten auf Cortison-Basis durchgeführt, autoimmunwirksame Medikamente, Schmerz- und Beruhigungsmittel oder Psychopharmaka gegeben.

Nach meiner langjährigen ärztlichen Erfahrung als Ernährungsmedizinerin ist die Hauptursache der genannten Krankheiten und Entwicklungsstörungen in einer mangelhaften Ernährungsqualität und Fehlernährung zu sehen. Die Folge einer falschen Ernährungsweise führt zu einer Schwächung und Mangelentwicklung der Nerven- und Sinnesorgane und des Immunsystem, was sich in einer Abnahme der Lymphozyten, unseren Immunzellen, ausdrückt. Der Darm mit seiner ausgeprägten Immunfunktion ist zu 80 % beteiligt an allen Immunvorgängen. Dabei spielt die Darmflora die zentrale Rolle bei der Verdauungstätigkeit und Immunfunktion. Billionen und Aberbillionen von Mikroben, kleinsten Lebewesen wie Bakterien und Pilze, besiedeln die Schleimhaut der gesamten Darmwand. Bei der Geburt des Menschen ist der Darm noch steril und funktionsunfähig. Der Embryo hat sich im Mutterleib noch durch das Blut der Mutter aus der Nabelschnur ernährt. Mit dem ersten Tropfen Milch wird der Darm mit den Mikroben besiedelt. Jetzt spielt die Ernährung von außen die entscheidende Rolle: die Art des Nahrungsmittels, die Zusammensetzung, die Menge, die Wärme, der Rhythmus der Nahrungszufuhr und die Qualität.

Zwischen den zu verdauenden Lebensmitteln aus der Natur und den Mikroben entsteht ein Zusammenspiel und Wechselverhältnis wie in einem sozialen Geschehen. Nur durch eine dem Menschen gemäße Ernährung kann sich die Darmflora gesund entwickeln und so die Basis für Gesundheit und die Vermeidung von Krankheiten bilden. Eine kranke Darmflora ist die Pforte für krank machende Keime wie pathogene Bakterien, Candida-Pilze, Viren und Würmer. Die Nahrungsbestandteile werden dadurch nicht mehr genügend verdaut und es kommt zu Allergien, Unverträglichkeiten und zu Mangelernährung der inneren Organe, insbesondere des Nervensystems.

Schon im Jahr 1924 weist Rudolf Steiner, der Gründer der biologisch-dynamischen Landwirtschaft, während des landwirtschaftlichen Kurses in Koberwitz eindrücklich darauf hin, dass die Ernährung der modernen Menschheit immer mehr zu einer Schwächung und zu chronischen Erkrankungen führen wird:

»... und so kann sich heute auch schon der materialistische Landwirt ungefähr ausrechnen, in wie viel Jahrzehnten die Produkte so degeneriert sein werden, dass sie noch im Laufe dieses Jahrhunderts nicht mehr zur Nahrung der Menschen dienen können« (3).

Im Rahmen dieses Kurses zeigt Rudolf Steiner, dass die ausschließlich naturwissenschaftliche Anschauung der Ernährungsvorgänge zu keinem Verständnis der Ernährungsfrage führt. Erst eine geisteswissenschaftliche Durchdringung der physiologischen

Vorgänge und der Zusammenhänge von Mensch, Natur und Kosmos führen zu einem tiefgehenden Verständnis der menschlichen Ernährung. Er weist eindrücklich darauf hin, dass die Ernährung in erster Linie der Ernährung des menschlichen Kopfes und des Nervensystems dient.

»Die Leute glauben, Ernährung bestehe darin, dass der Mensch die Substanzen seiner Umgebung isst. So ist es aber nicht, dass mit den Nahrungsmitteln, die der Mensch aufnimmt durch seinen Magen, aufgebaut werden Knochen, Muskeln, sonstige Gewebemasse, – das gilt ausgesprochen ja nur für den menschlichen Kopf. Es findet fortwährend im Menschen ein solcher Prozess statt, dass das durch den Magen Aufgenommene hinaufströmt und im Kopfe verwendet wird, dass dasjenige, was im Kopfe, bzw. im Nerven-Sinnes-System aufgenommen wird aus Luft und aus der anderen Umgebung, wiederum hinunterströmt, und daraus werden die Organe des Verdauungssystems oder die Gliedmaßen. Wenn Sie also wissen wollen, woraus die Substanz der großen Zehe besteht, müssen Sie nicht auf die Nahrungsmittel hinschauen. Wenn Sie Ihr Gehirn fragen: Woher kommt die Substanz?, da müssen Sie auf die Nahrung sehen. Nur das Nerven-Sinnes-System ist aus irdischer Substanz aufgebaut« (3).

Quelle: Lothar Vogel:»Der dreigliedrige Mensch«

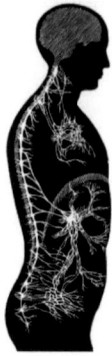

Bild 1: Zentrales und peripheres Nervensystem

Wie können wir nun verstehen, was Rudolf Steiner mit Ernährung meint, und in welcher Weise wird das Nervensystem durch den Nahrungsstrom gestärkt und ernährt? Dabei sollte berücksichtigt werden, dass das Nerven- und Sinnessystem über den ganzen Körper verteilt ist. Weitere Zentren der Nervenfunktionen außerhalb des Kopfes finden sich in der Herzgegend, im Sonnengeflecht, im Sexualbereich sowie in Haut und Schleimhäuten.

Der Nahrungsstrom im Menschen

Der Weg der Nahrung als Naturprodukt soll hier bis zur Überwindung der Blut-Hirn-Schranke beschrieben werden.

Jedes Lebensmittel, das wir uns einverleiben, wird im ersten Schritt von unseren Sinnen im Bereich des Kopfes wahrgenommen. Wir sehen die Farbe, riechen den Geruch und schmecken die einzelnen Bestandteile wie Zucker, Säure, Bitterstoffe sowie die Aromastoffe. Wir empfinden und tasten die Weichheit, die Festigkeit oder die Flüssigkeit und letztendlich kommt es zu dem

Zerkleinerungsvorgang im Bereich des Mundes durch die Zähne und das Kauen. Der geschluckte Speisebrei gelangt in den Magen und wird mit den säurehaltigen Magensäften durchsetzt. Hierbei werden die Bestandteile gespalten. Durch das Zusammenspiel von Galle-, Bauchspeicheldrüsensekret und Verdauungssäften wird im Zwölffingerdarm alles Lebendige der Pflanze oder des tierischen Produktes in Einzelbestandteile abgebaut. Eiweiß wird in Aminosäuren, Fette werden in Fettsäuren und Kohlenhydrate in Zuckerbestandteile wie Glukose und Fruktose gespalten. Erst die so umgearbeitete Substanz der ehemaligen Pflanzen- oder Tierbestandteile dringt nun durch die Darmwand in das Innere des Menschen und wird weiter in unseren Stoffwechsel aufgenommen. Nur die Mineralien und Salze werden keiner Veränderung unterworfen. Sie werden nach der Resorption durch die Darmwand gemeinsam mit den organischen Substanzen (Aminosäuren, Fettsäuren und Zucker) in die Lymphbahnen und in das Blutsystem aufgenommen und von den einzelnen Organen wie Leber, Niere und Milz verstoffwechselt. Nur der von allen Lebenskräften gelöste Mineralstrom und die Zucker gelangen nun in den Bereich des Nervensystems und können die Bluthirnschranke durchdringen.

»Nur salzreiche Stoffe sind fähig, in den Kopf zu dringen. Salzreiche Stoffe, wurzelhafte Stoffe machen den Menschen durch den Kopf stark. Und gerade bei den Möhren, da ist es so, dass die allerbesten Partien des Kopfes stark werden, also dasjenige, was man gerade braucht für den Menschen, damit er innerlich kräftig, steif wird, damit er nicht weichlich wird« (4).

In einem Vortrag am 25. März 1913 beschreibt Rudolf Steiner in sehr anschaulicher Weise die Wirksamkeit des Nahrungsstromes im Bereich des Gehirns. Unser Gehirn liegt innerhalb der Schädeldecke wie ein verzaubertes Wesen von einer Burg umschlossen. Das Sinnbild dieser Burgmauern ist unsere Schädeldecke. In dieser Schädeldecke befindet sich im Gehirnwasser schwimmend das Gehirn. An das Gehirn kommt nun der Ernährungsstrom aus dem Stoffwechselbereich des Menschen durch das Blut an die Bluthirnschranke heran. Nur die mineralischen Extrakte und kleinsten Zuckermoleküle können diese Hirnschranke durchdringen und bilden die Grundlage für die Hirntätigkeit und das Denken.

»Der Mensch kann noch so viel aus dem Tierreich essen: Für einen gewissen Teil seines Gehirns ist das alles nicht brauchbar, ist das alles nur Ballast. Andere Organe mögen dadurch ernährt werden, aber im Gehirn gibt es etwas, wovon der ätherische Leib (Anm: Lebenskräfteleib) zugleich alles zurück stößt, was vom tierischen Reiche kommt. Ja, sogar alles das stößt der ätherische Leib zurück von einem Teil des Gehirns, von einem kleinen edlen Teil des Gehirns, was vom pflanzlichen Reiche kommt und nur den mineralischen Extrakt lässt er gelten in einem kleinen edlen Teil des Gehirns; und da bringt er zusammen diesen mineralischen Extrakt mit den edelsten Einstrahlungen durch die Sinnesorgane. Das Edelste des Lichtes, das Edelste des Tones, das Edelste der Wärme berührt sich hier mit den edelsten Produkten des mineralischen Reiches; denn von der Verbindung der edelsten Sinneseindrücke mit den edelsten mineralischen Produkten nährt sich der edelste Teil des menschlichen Gehirns« (5).

Rudolf Steiner meint mit dem edelsten Teil des menschlichen Gehirns die Epiphyse, die sog. Hirnanhangdrüse. Diese ist mineralisch verhärtet. Im Bereich der Epiphyse wird der Tag-und-Nacht-Rhythmus reguliert. Das von ihr abgesonderte Hormon Melatonin koordiniert nicht nur die zirkadianen Rhythmen im menschlichen Körper, sondern auch Jahresrhythmen. Diese Rhythmen weisen auf den Zusammenhang mit den kosmischen

Rhythmen hin, insbesondere auf die Beziehung der Erde zur Sonne.

»Da lernt man erkennen einen wunderbaren kosmischen Zusammenhang des Menschen mit dem ganzen übrigen Kosmos. Da blickt man sozusagen an eine Stelle des Menschen, wo sich vor einem abspielt, wie das Denken des Menschen durch das Instrument des Nervensystems das Schwert bereitet für die menschliche Stärke auf Erden.« (5).

Der Nahrungsstrom darf nicht durch die Blut-Hirn-Schranke. Nur die feinsten Mineralien und edelsten Stoffe dürfen diese Schranke durchdringen. Mineralien sind aber wie Edelsteine, sie haben Licht in sich aufgenommen und leuchten und strahlen. Bei der Ernährung unseres Nervensystems geht es daher nicht nur allein um die Stoffe, die sich in unseren Nahrungsmitteln befinden, sondern um deren Lichtqualität sowie ihre Lebenskräfte, die ihnen zugrunde liegen.

Besonders die Mineralien, die sich in den Wurzeln der Nahrungspflanzen befinden, haben eine besondere Affinität zu dem menschlichen Nervensystem. Die Wurzel saugt aus dem weiten Umkreis die Mineralien und Salze aus der Erde in sich auf, lagert sie im Wurzelkörper ab oder lässt sie in obere Teile der Pflanze strömen.

So konnte ich feststellen, dass mineralreiche Lebensmittel mit einem hohen Anteil an ungesättigten Fettsäuren eine deutlich stärkende Wirkung auf das Nervensystem haben.

Die heute überwiegend industrialisierte Landwirtschaft, die aufgrund der chemischen Düngeverfahren verhindert, dass die Pflanzen tief genug in den Erdboden wurzeln, sowie die Aufzucht von Pflanzen in Treibhäusern und die Haltung von Tieren in Ställen ohne natürliches Licht produziert Lebensmittel, denen die wertvollen Mineralien und guten ungesättigten Fettsäuren fehlen – die wichtigsten Substanzen für ein gesundes Nervensystem. Ihnen mangelt es an Licht- und Lebenskräften. Hier wird deutlich, dass der Mensch nicht nur Stoffe zu sich nimmt, sondern auch Licht- und Lebenskräfte, die physikalisch mit den heutigen Methoden nicht messbar sind.

Studie zur Wirksamkeit von samenfesten Möhren

In den Jahren 2001–2004 habe ich im Rahmen des Persephoneia Instituts für Agrarkultur und Heilkunst eine Studie mit »alten« Möhrensorten durchgeführt. Diese Möhren waren samenfest und wurden nach der Methode des biologisch-dynamischen Anbaus unter gleichen Bedingungen gepflanzt.

Querschnitt: Leckerli Oxheart

Bei 100 Patienten konnte eine deutlich positive Wirkung bei Krankheiten, die mit dem Nervensystem zusammenhängen, nachgewiesen werden. Dabei besserten sich Migräne und Kopfschmerzen, Verdauungsstörungen, Schlafstörungen, Hautbeschwerden und Depressionen.

Die Möhre als mineral- und kieselreiche Pflanze hat eine starke Wirkung auf das Nervensystem und die Denkfähigkeit. Sie wirkt beruhigend und entspannend, stärkt die Sehkraft, fördert den Schlaf und zeigt eine heilende Wirkung bei Migräne und Kopfschmerzen. Durch die edlen Mineralien werden über die Zirbeldrüsentätigkeit der Wach-Schlaf-Rhythmus reguliert und der Mensch in eine gesunde Verbindung zu Natur und Kosmos gebracht.

Veränderungen von Beschwerden während eines regelmäßigen Möhrenverzehrs (3 Wochen) (6)

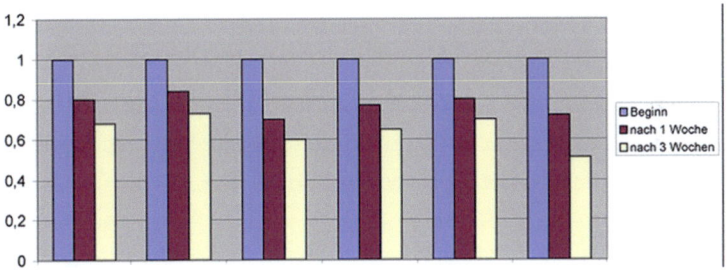

1 2 3 4 5 6
1 = Schlafstörungen n=20
2 = Konzentrationsstörungen n=17
3 = Kopfschmerzen und Migräne n=27
4 = Hautbeschwerden n=8
5 = Kälteempfinden n=12
6 = Depressive Verstimmungen n=13

Die Karottenwurzel mit ihren Licht- und Kieselprozessen regt die gesunde Gehirnbildung an. Sie wirkt besonders bei dem heranwachsenden Kind stärkend, formend und plastizierend auf das Gehirn, das Nervensystem und auf die Knochenbildung.

In keiner Phase des menschlichen Lebens verläuft die Entwicklung des Gehirns so rasant wie in den ersten drei Lebensjahren. Ein Neugeborenes hat etwa 100 Milliarden Gehirnzellen. Die meisten davon sind jedoch noch nicht miteinander verbunden. Erst in den folgenden drei Lebensjahren findet die Vernetzung und Verbindung der einzelnen Gehirnzellen untereinander statt.

Für jede Denk- oder Vorstellungstätigkeit ist ein mineralischer physischer Stoff – auch Zucker ist mineralischer Natur – nötig. Diese Stoffe werden tatsächlich in Form von abgelagerten und ausgeschiedenen Mineralien im Bereich des Gehirns gefunden, z.B. als Gehirnsand der Zirbeldrüse und in den Innenohrgängen.

Das bedeutet, dass für die Geistestätigkeit des Menschen eine unlebendige Grundlage notwendig ist.

Wenn jedoch im pathologischen Sinne zu viel Lebendigkeit im Nervensystem entsteht, wenn die Blut-Hirn-Schranke durchlässig wird für organische Substanzen, dann entstehen Krankheiten. So ist z.B. die Ursache der Migräne eine zu starke Stoffwechseltätigkeit und ein zu hoher Stoffwechselumsatz im Gehirn.

Besonders in der sensiblen Übergangszeit von der Muttermilch zur Erdennahrung treten bei Säuglingen häufig Störungen wie Blähungen, Verdauungsprobleme, Bauchschmerzen, Allergien und Hautausschläge auf. Ein zu frühes Verabreichen von unverträglichen Gemüsearten oder Getreiden, eine zu frühe abwechslungsreiche Nahrungsgabe führt oft zu Lebensmittelunverträglichkeiten.

Bei den heute sehr verbreiteten Stoffwechsel- und Verdauungsstörungen – jeder 10. Erwachsene ist bereits zuckerkrank – liegt eine Schwäche im Bereich des vegetativen Nervensystems, dem Sonnengeflecht, vor. Die Erkrankten leiden an Blähungen, Verdauungsstörungen, Kältegefühl und Erschöpfung. Der Oberbauch fühlt sich beim Abtasten kalt an, oft ist der gesamte Unterleib unterkühlt.

Im Sonnengeflecht wirkt das individuelle Ich des Menschen unmittelbar in das Physische hinein, im Gegensatz zum »freien«

Ich im Kopfbereich, das wir beim Denken und Wahrnehmen betätigen. Bei einem gesunden Menschen ist das Ich fest an das vegetative Nervensystem des Sonnengeflechts gebunden, es ist wie »*gefesselt im Sonnengeflecht*« (7). Der Geist ist hier an die physischen Organe gebunden und im Bereich des Stoffwechsels des Menschen »verankert«.

Ist die gesunde Verbindung des Ichs mit dem Stoffwechsel gestört, so treten vegetative Störungen und auch psychische Störungen auf. Die durchlichtende Wirkung einer Möhrendiät auf die Darmflora stärkt das vegetative Nervensystem und verhindert prophylaktisch den Befall des Darmes mit pathogenen Keimen und Parasiten. Eine Möhrendiät wird seit alters her zur Behandlung von Wurmerkrankungen des Darmes eingesetzt.

Die neuesten hirnphysiologischen Forschungen bestätigen die geisteswissenschaftlichen Erkenntnisse. So hat die Forschung der letzten Jahre gezeigt, dass bekannte Symptome der Adipositas, wie fehlendes Hunger- und Sättigungsgefühl und mangelnde Dauer der Sättigung, zum Teil auf neuroendokrinologischen Fehlfunktionen des Gehirns beruhen. (8) »Erst die Berücksichtigung und Korrektur dieser zerebralen Fehlfunktion lässt auf eine dauerhafte Regulation des Körpergewichtes hoffen« (9).

Ernährungsempfehlungen

Für eine gesunde Ernährung ist es wichtig, dass die einzelnen Nahrungsgrundlagen ausgewogen auf den menschlichen Organismus abgestimmt sind und seinen heutigen Bedürfnissen entsprechen. Der Mensch braucht regelmäßig in einer bestimmten Komposition und in einem bestimmten Rhythmus seine Nahrung. Sie unterliegt den Gesetzmäßigkeiten der Natur und darf nicht durch Willkür und Experimente verändert werden, sonst treten rasch Befindlichkeitsstörungen wie Erschöpfung und Schwäche auf, die später zu chronischen Krankheiten führen.

Leitfaden kann hier unser Hunger- und Durstgefühl sein. Beide sind Ausdruck eines weisheitsvollen Instinktes, der von Geburt an da ist und uns sagt, wann der Körper wieder Nahrung benötigt. Ein gesunder Säugling kann sich nicht überessen. Wird diese Körperintelligenz durch ein gesundes Essverhalten weiter kultiviert, treten nach meiner Erfahrung all die genannten Krankheiten nicht auf und bereits vorhandene Krankheiten und Beschwerden werden geheilt. Der Mensch wächst dann kraftvoll, gesund und freudig auf und zeigt ein gesundes Lernbedürfnis. Kindern macht das Lernen wieder Spaß und sie können sich gut konzentrieren. Zufriedenheit und Lebensfreude sind Ausdruck eines gesunden Körpergefühls. Der gesunde Körper ist das Instrument, dessen sich unsere Seele und unser Geist bedient.

Freiheit bedeutet nicht, dass wir essen, was wir wollen, sondern dass wir unserem Körper bewusst durch die Nahrung alles geben, was er für seine gesunde Funktion wirklich braucht. Was der menschliche Körper braucht, ist eine zukünftige Forschungsaufgabe. Meine Erfahrung ist jedoch, dass die über viele Jahrtausende tradierte Ernährungsweise der einzelnen Kulturen einen Erfahrungsschatz bietet, an dem wir wieder anknüpfen können. Dazu gehören der Rhythmus von 3 Hauptmahlzeiten am Tag im Abstand von etwa 4 Stunden und eine ausgewogene Zusammensetzung der Nahrungsbestandteile von Eiweiß, Fett, Kohlenhydraten und Mineralien.

Wenn wir uns nach einer guten Mahlzeit wohl fühlen, und das können wir unmittelbar nach dem Essen erleben, entsteht die Möglichkeit zum freien Denken und Handeln zwischen den Mahlzeiten, nämlich dann, wenn wir frei sind von Hunger- und

Durstgefühl und Mattigkeit. Unser Körper fordert seine Bedürfnisse ein und wir sollten wieder lernen, darauf zu hören.

Treten Appetitlosigkeit oder Heißhunger mit fehlendem Sättigungsgefühl auf, so ist nach meiner Erfahrung die Zusammensetzung und der Rhythmus des Essens nicht dem menschlichen Organismus entsprechend.

Kohlenhydrate geben uns Energie. Wir benötigen sie für jede Hirn-, Organ- und Muskeltätigkeit.

Die heute übliche kohlenhydratreiche Ernährung (Brot, Kartoffeln, Nudeln, Getreideprodukte, Obst, Süßigkeiten, Alkohol) und besonders hochraffinierte Produkte sollten jedoch deutlich reduziert werden, da Kohlenhydrate im Organismus immer in Zucker umgewandelt werden und in zu großer Menge das Nervensystem schwächen, Entzündungen hervorrufen und den Insulinhaushalt stören, wodurch Heißhunger entsteht, die Ursache von Fettleibigkeit.

Weniger problematisch sind Kohlenhydrate in Form von Vollkorn-Getreideprodukten, die jedoch nicht roh, sondern gekocht oder als Sauerteigbrot verzehrt werden sollten, da sie schwerer verdaulich sind. Besonders empfehlenswert sind Hafer, Roggen, Weizen, Hirse, Buchweizen und Quinoa. Diese Getreidesorten sind gleichzeitig eine wichtige Mineralquelle.

Eiweiß (Protein) ist die Grundlage allen Lebens. Es baut die inneren Organe auf und stärkt die Muskulatur. Eiweiß ist auch die Grundlage unseres Immunsystems. Besonders beim Eiweiß ist darauf zu achten, dass weder zu viel noch zu wenig vom Körper aufgenommen wird. Ein Proteinmangel führt zu Muskelschwäche, Kraftlosigkeit, Herzmuskelschwäche und anderen Organstörungen sowie Immunschwäche.

Eiweiß finden wir vor allem in den Pflanzenteilen und Tierprodukten, in denen das zukünftige Leben entsteht: in Samen und Nüssen sowie Eiern. Hochwertige Proteine finden sich auch in Rohmilchprodukten wie Frischkäse, Hartkäse, Camembert, Mozzarella, Feta. Fisch, Krustentiere und Fleisch sind weitere Proteinquellen. Proteine sind vorwiegend unsere Sattmacher. Wer zu wenig davon isst, hat zu schnell wieder Hunger.

Die besten Fette werden im Licht gebildet, wenn Pflanze und Tier viel Sonne bekommen. Fette wärmen unseren Organismus und ernähren unsere Nerven. Die heute übliche Vermeidung von Fetten im Essen bewirkt Nervenschäden, Unruhe, Schlafstörungen, Depressionen und Allergien.

Hochwertige Fette führen nicht zu Übergewicht, sondern im Gegenteil: Die Verdauung ist ein Verbrennungsvorgang und Fett fördert die Verdauung und Verstoffwechslung der Nahrung.

Empfehlenswert sind Öle aus Nüssen, Oliven, Kürbiskernen, Lein sowie hochwertige Fette aus Bio-Milch (Milch, Butter, Sahne, Käse), Fischen und Sesam. Demeter-Milch, die von Kühen stammt, die einen Stallauslauf ins Grüne haben und überwiegend Heu und Gras und kein Kraftfutter erhalten, enthält ein Vielfaches mehr an ungesättigten Fettsäuren und sollte daher bevorzugt werden.

Milch ist eine wichtige Vitamin-D-Quelle. Überall in der Welt, wo es kalte Regionen gibt, essen die Menschen Milchprodukte und trinken Milch. In heißen Gegenden werden mehr pflanzliche Öle verwendet. So spielt auch das Klima eine entscheidende Rolle bei der Wahl der Nahrungsmittel.

Hochwertige Milchprodukte, besonders auch Käse aus Rohmilch, eignen sich zum Aufbau einer gesunden Darmflora. Die bei uns inzwischen üblichen Milchprodukte von Stalltieren, die eiweißreiches Kraftfutter aus Mais und Soja bekommen, werden immer weniger vertragen. Diese Kühe sind ebenfalls darmkrank, da auch ihre Nahrung nicht den Bedürfnissen ihres Organismus entspricht. Sie haben eine kurze Lebenszeit und müssen mit Medikamenten (Antibiotika) ständig behandelt werden. Diese Produkte sollten gemieden werden.

Zu den gesündesten und betagtesten Menschen weltweit gehören Völker, die sich von hochwertigen Milchprodukten, Eiern und Fleisch von freilaufenden Rindern ernähren (im Himalaya, Kaukasus, Afrika).

Mineralien und Spurenelemente

Heimisches Gemüse und frisches Obst (z.B. Äpfel) aus biologisch-dynamischem Anbau sollten den Speiseplan bereichern. Große Bedeutung für das Nervensystem haben mineralreiche Gemüse: Möhre, Pastinake, Kohl, Rote Beete, Sellerie, Spinat, Mangold, Schwarzwurzeln. Obst empfehle ich jedoch immer nur mittags und abends nach den Hauptmahlzeiten. Obst enthält nicht nur organischen Zucker, sondern auch Säuren und Phosphor. Diese Komposition fördert die gute Verstoffwechslung nach einer vollen Mahlzeit als leckeres Dessert. Wird Obst morgens oder zwischendurch auf nüchternen Magen gegessen, wird der Blutzuckerspiegel rasant erhöht und der Insulinspiegel für den ganzen Tag gestört. Der Fruchtzucker auf nüchternen Magen führt zu Gärungen in Magen und Darm, stört die Darmflora und ist oft Ursache von Entzündungen, besonders der Haut.

Beispiel eines Tagesablaufs

Morgens braucht der Mensch ein warmes eiweiß-, fett- und mineralreiches Frühstück. Besonders geeignet ist der Hafer. *Haferkost (Porridge): Haferflocken in Wasser mit etwas Salz und 10 Rosinen*

ca. 15 Minuten kochen. Anschließend mit einem Stück Butter, etwas Zimt und einem Schuss Milch oder Sahne verfeinern. Darüber darf etwas Vollrohrzucker gestreut werden.
Dazu schmeckt der mineralreiche Kaffee aus Vulkangegenden.

Hafer macht wach, stärkt die Nerven, gibt Kraft und stabilisiert das Immunsystem. Er enthält viele wertvolle Mineralien für den Knochenaufbau, Haut, Haare, Gehirn und die Sinnesorgane.

Zwischenmahlzeit: Salzig/Mineralisches fördert morgens das Bewusstsein und Denken.
Für die Zwischenmahlzeit sind rohe Wurzelgemüse wie Möhren, Fenchel, Kohlrabi besonders zu empfehlen. Sie enthalten Mineralien und organische Zucker. Dazu eine Handvoll Nüsse (Mandeln, Haselnüsse, Walnüsse oder Cashew-Kerne).

Mittags: Mindestens einmal am Tag warm essen.
Einmal am Tag – mittags oder abends – sollte sich jeder eine warme Mahlzeit gönnen. Viel Gemüse, ein Stück Fisch oder Fleisch (vor allem Rind, Lamm, Kalb oder Huhn), Eier oder Käse. Besonders hochwertig sind Fische und Krustentiere der Tiefsee, die mit ihren Omega-3-Fettsäuren auch die Hirnleistung unterstützen.
Wer vegetarisch essen möchte, sollte unbedingt auf die richtige Eiweißmenge achten, da es sonst zu Mangelerscheinungen wie Muskelschwäche, Rückenschmerzen, Müdigkeit, Immunschwäche und Organkrankheiten kommen kann.
Als Beilage für eine ausgewogene, warme Mahlzeit eignen sich Bulgur, Hirse, Couscous, Quinoa, Reis oder Kartoffeln. Für die Soßen verwenden wir die besten Fette aus Butter, Sahne, Crème fraîche, Bratenfett, Ölen.

Nach dem warmen Essen empfehle ich ein Dessert in Form von Obst, gerne auch als Kompott aus Früchten der Saison. Auch ein

Schälchen Schokopudding oder Mousse au Chocolat sind erlaubt. Auf weißen Zucker sollte verzichtet werden. Ein gesunder Ersatz ist Agavendicksaft oder Rohrzucker.

<u>Nachmittags</u> ist die Zeit für Süßes.

Wer am Nachmittag Lust auf eine Süßigkeit hat, dem empfehle ich lieber ein Stück Kuchen als ein Hefeteilchen oder Süßigkeiten, die sich mit ihren hohen Zucker- und Kohlenhydrat-Anteilen negativ auf das Nervensystem auswirken. Kuchen nach »Omas Rezept« enthält Eier, Butter, weniger Zucker, Weizenmehl. Der Belag ist eiweißreich: Käse-, Mohn- oder Nusskuchen. So ein Kuchenstück gibt noch einmal Kraft für den Abend und fördert einen erholsamen, gesunden Tiefschlaf.

<u>Das Abendessen</u> sollte leicht verdaulich sein und für die Nacht die Nerven stärken. Hierzu eignet sich eine heiße Suppe, gerne auch aus den Wurzelgemüseresten vom Mittag, ein Stück eiweißreichen Fisch, Käse oder Eier und eine Scheibe Roggenbrot mit etwas Fett. Dazu ein warmes Getränk.

<u>Betthupferl</u>

Wer schlecht einschlafen kann, sollte es abends mit einer Mohn-Milch probieren: ¼ Liter Milch mit einem Esslöffel frisch gemahlener Mohnkörner kochen und mit Honig süßen.

Das Durstgefühl entsteht auch aus dem Instinkt heraus. Wir trinken, wenn wir Durst haben, und wir trinken am besten zum Essen. Wird der Magen abgefüllt mit zu viel Flüssigkeit, dann wird der saure Magensaft zu sehr verdünnt und wir können anschließend nicht gut verdauen. Wir benötigen nur die Menge an zusätzlicher Flüssigkeit, die wir auch ausscheiden. Das sind beim Erwachsenen etwa 1,5 Liter pro Tag und beim Kind aufgrund der noch fehlenden Schweißdrüsentätigkeit viel weniger.

Unsere Zeit erfordert auf Grund der massiven Zunahme ernährungsbedingter Krankheiten eine rasche Umsetzung von gesunden Ernährungsweisen, insbesondere im Kindesalter. Von einer gesunden Ernährung hängt nicht nur die Gesundheit, sondern auch unsere geistige Tätigkeit und das Denken ab und damit die zukünftige Entwicklung der Menschheit.

Was ist die narung? Ist nit ein mästung oder füllung, sondern ein form erstattung. (Paracelsus)

Dr. med. Sabine Schäfer
Fachärztin für Allgemeinmedizin
Ernährungsmedizin DGEM/DAEM
International anerkannte Anthroposophische Ärztin
Sredzkistr. 67
10405 Berlin
s.schaefer@persephoneia.com
www.dr-sabine-schaefer.de

Literatur
(1) DEGS-Studie des Robert-Koch-Instituts 2008–2011.
(2) KiGGS Studie des Robert-Koch-Instituts 2013, Bundesgesundheitsblatt Juli 2011.
(3) Steiner, R.: Geisteswissenschaftliche Grundlagen zum Gedeihen der Landwirtschaft, Gesamtausgabe Nr. 327.
(4) Steiner, R.: Die Schöpfung der Welt und des Menschen, Gesamtausgabe Nr. 354.
(5) Steiner, R.: Welche Bedeutung hat die okkulte Entwicklung des Menschen für seine Hüllen und sein Selbst?, Gesamtausgabe Nr. 145.
(6) Schäfer, S.: Qualitätsoptimierung der Speisemöhre. Entwicklung von Zucht- und Auswahlkriterien bei der Speisemöhre im

Hinblick auf unterschiedliche Zielgruppen: Kinder, kranke Menschen, allgemeiner Lebensmittelmarkt. Februar 2004.
(7) Steiner, R.: Zeitgeschichtliche Betrachtungen, Gesamtausgabe Nr. 174.
(8) Adam,O.: Warum FDH allein nicht hilft. Neuroendokrinologische Aspekte der Adipositas. In: Ernährungsumschau 11/08.
(9) Führer, D, Zysset, S, Sturmvoll, M.: Brainactivity in hunger and satiety. In: Epub 2008, Feb. 21.

Vita Dr. Sabine Schäfer

Dr. Sabine Schäfer (1958 in München geboren) studierte an den Universitäten Dijon, Gießen und Tübingen Medizin. In einem Camphill-Behindertendorf und einem District Governmental Hospital in Pangani (Tansania) sowie in der Kinder- und Jugendpsychiatrie der Universität Tübingen erwarb sie breit gefächerte berufsqualifizierende Kenntnisse. Sie absolvierte eine mehrjährige Ausbildung bei einem anthroposophischen Kinderarzt. Seit 1991 praktiziert sie in eigener Praxis für Allgemeinmedizin mit Schwerpunkt Anthroposophische Medizin. Bis 1994 war sie Schulärztin an einer Waldorfschule in Trier und Luxemburg. 1997 gründete sie den gemeinnützigen Verein Gesundheitszentrum Marbachshöhe, 1999 gemeinsam mit Dr. agr. Ing. Harald Hoppe das Persephoneia Institut für Agrarkultur und Heilkunst gGmbH sowie eine Demeter-Landwirtschaft. 2001 entstand das integrative Iakchos Kinder- und Jugendhaus, ein Waldorf Kindergarten mit individuellem Konzept. Mit Heilpraktiker Norbert Langlotz wurde 2009 die Natura Heilpflanzenschule gegründet, dann 2012 das europaweit einzigartige Iakchos Kindergenesungshaus, eine Einrichtung zur Tagesbetreuung kranker Kinder.

Dr. Schäfer erforscht intensiv den Zusammenhang zwischen Ernährung und Krankheiten auf Basis der Anthroposophischen Medizin und hat mehrere wissenschaftliche Studien durchgeführt. Sie ist bekannt durch Vorträge im In- und Ausland.

Dr. Sabine Schäfer ist Mutter von zwei Kindern und hat die deutsche und französische Staatsangehörigkeit.

Möge die Idee des Reinen, die sich bis auf den Bissen erstreckt, den ich in den Mund nehme, immer lichter in mir werden!

Johann Wolfgang von Goethe (* 28. August 1749 in Frankfurt am Main, † 22. März 1832 in Weimar, geadelt 1782) aus seinen Weimarer Tagebuchaufzeichnungen des Jahres 1779

Bettina Sedlmaier-Erlenfeld – Heilfasten – Umschalten von der Ernährung von Außen zur Ernährung von Innen oder warum es sich lohnt, hin und wieder auf das Essen zu verzichten.

Dieser Beitrag erklärt, warum das Heilfasten eine interessante und günstige Alternative zu Medikamenten ist.

Beginnen wir mit einem Mann, der vor etwa 100 Jahren eine Entdeckung gemacht hat, die es ermöglicht, in einem Tropfen Blut einen Blick in den menschlichen Mikrokosmos zu werfen. Dieser Mann ist Prof. Dr. Enderlein und er machte eine revolutionäre Entdeckung. Er stellte fest, dass alles Lebendige der Symbiose unterliegt. Mit anderen Worten: Das Leben mit all seinen Regulationszyklen kann nur – die Betonung liegt auf NUR – in seiner Wechselwirkung und Abhängigkeit vom körperlichen Milieu sowie im Wechselspiel mit den körpereigenen Symbionten verstanden werden.

Eingestaltigkeit

Die Geschichte der Mikrobiologie hat in den letzten 150 Jahren zwei verschiedene Denkrichtungen hervorgebracht. Nachdem im Mittelalter die Seuchen noch als Strafen Gottes angesehen waren und für die Menschen Schutzheilige als das einzige Mittel dagegen bekannt waren, wurde mit der Erfindung des Mikroskops im 18. Jahrhundert einer der größten Erfolge der Biomedizin eingeleitet. Man entdeckte die Erythrozyten und die Spermatozoen, aber auch andere unvermutete »Tierchen«, welche die Ursache unzähliger noch ungeklärter Phänomene und, wer weiß, vielleicht auch der Krankheiten sein konnten. Diese Mikroorganismen, die mal als »Miasmen«, mal als »Animalkula« oder als Keime bezeichnet wurden, vermochten dem Menschen Heil oder Verdammung zu bringen. Der eigentliche Entdeckerruhm sollte Louis Pasteur (1822–1895) zukommen, der seine wissenschaftlichen Arbeiten in einer ungeheuren Vielfalt durchführte, angefangen bei der Kristallchemie bis hin zu äußerst komplexen Fragen der Humanpathologie. Er brachte den Nachweis von »Erregern« und entwickelte eine Kodifikation der Impf- und Serentherapie. Pasteur behauptete: Alle Mikroben, egal welcher Art und Gattung, seien »unveränderlich« und jede Art würde eine spezifische Krankheit erzeugen. Bakterien und Pilze entständen niemals durch Urzeugung, Blut und Gewebe seien im gesunden Zustand steril.

Pasteur war somit der bedeutendste Vertreter des »Monomorphismus«. (Monomorphie griechisch: mono = ein, morphe = Gestalt, Monomorphismus = Eingestaltigkeit bzw. die unveränderliche Gestalt der Mikrobe.)

Mehrgestaltigkeit

Der Chemiker und Biologe Antoine Béchamp (1816–1908) und seine Anhänger waren der Auffassung: »Jegliches mikrobiologisches Leben, egal welcher Art und Gattung, resultiert aus einem Urkeim, der unter bestimmten pathogenen Milieuveränderungen sich weiterzuentwickeln vermag und seine Form verändern kann. Béchamp behauptete:

Alle tierischen und pflanzlichen Zellen enthielten kleinste Körnchen (er nannte sie »Mikrozymas« bzw. »Biogranula«), die nach Absterben des Organismus selbst nicht zugrunde gingen, und welche die Ursache für die Gärung seien und aus denen auch andere Mikroorganismen entstehen könnten.

Diese Mikrozymas seien in jedem Lebewesen, in Menschen,

Tieren und Pflanzen. Sie seien ewig und unzerstörbar und bildeten den Übergang zwischen toter und lebender Materie.

Unter bestimmter oder pathogener Einwirkung könnten diese Mikrozymas sich zu Bakterien mit fäulniserregenden und gärenden Eigenschaften entwickeln. Bakterien seien somit nichts anderes als die lebenden Abfallprodukte abgestorbener Körperzellen. So hätten Krankheiten ihren Ursprung im Inneren des Körpers. Außerdem nahm Béchamp an, dass Pilze und Bakterien unterschiedliche Entwicklungsformen von Krankheitserregern mit unzähligen Zwischenstufen seien. Somit war der »Pleomorphismus« (die »Vielgestaltigkeit«) entdeckt.

(Pleomorphie griechisch = Pleion = mehr, Pleomorphismus = Mehrgestaltigkeit bzw. die Vielgestaltigkeit, somit die Veränderlichkeit der Mikrobe in Form und Größe.)

Die Symbionten

Prof. Dr. Günther Enderlein (1872–1968) forschte auf den Grundlagen Béchamps enthusiastisch weiter und veröffentlichte in 40 Jahren 500 Arbeiten. 1925 erschien seine Monographie »Bakterien-Cyclogenie« zu Untersuchungen über Bau, geschlechtlicher und ungeschlechtlicher Fortpflanzung und Entwicklung der Bakterien«. Sie wurde zum Standardwerk für Pleomorphisten.

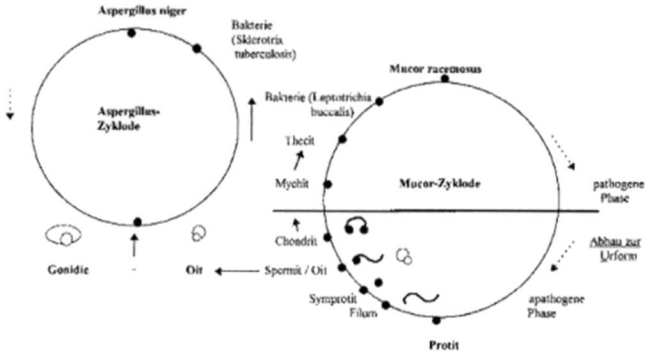

Abbildung 1: Die Entstehung von Bakterien und Pilzen aus dem Symbionten; nach Prof. Enderlein.

In seiner Monografie legte Professor Enderlein eine so genannte Primitivphase pflanzlicher Partikel fest, die er »Urbaustein des Lebens«, »Symbionten« oder »Endobionten« nannte. Diese wiederum enthielten ein eiweißhaltiges Kolloid namens Protit und wiesen eine Größe von 1 bis 10 nm (Nanometer) auf. Unter bestimmten Umständen könnten sich aus Symbionten dann Bakterien und aus den Bakterien dann Pilze entwickeln. Enderlein unterschied hierbei säurehaltige von basenhaltigen Symbionten. Diese pflanzlichen Urkeime seien auch von der Mutter aufs Kind vor der Geburt übertragbar.

Vom Symbionten zu Krankheitserregern

Hält sich der Mensch bewusst oder unbewusst nicht an die Gesetzmäßigkeit des Lebens, verändert sich unser inneres Milieu und es wird gleichzeitig der Startschuss für die Höherentwicklung des Symbionten gegeben. Es finden Formumwandlungen statt, die von der noch nicht krank machenden Entwicklungsstufe hin zu den hoch pathogenen Formen führen können.

Enderlein entwickelte biologische Mittel zur Heilung und bezeichnete seine Heilpräparate als isopathische Mittel, da diese die gleichen Symbionten enthalten sollen, auf die der Mensch angewiesen sei und diese an dem Prozess der Rückwandlung von höher valenten Wuchsformen zurück zur Chondritform beteiligt seien. Die Krankheit soll also durch dieselben Erreger geheilt werden, durch die sie hervorgerufen wird. Eine Antibiose der wissenschaftlichen Medizin hielt er nicht für hilfreich, da sie auch die harmlosen Symbionten schädige.

Die Symbiose ist definiert als fortwährendes und inniges Zusammenleben ungleichnamiger Organismen. Es muss unterschieden werden zwischen verschiedenen Symbioseformen: Tier/Tier, Pflanzen/Pflanzen und Tier/Pflanzen, um die es sich bei der Form zwischen dem Mensch, Protiten und apathogenen Symbiontenformen handelt.

Der Mensch hat ständig Kontakt über seine Außenwelt mit dem Reich der Mikroben. Der menschliche Körper selbst ist besiedelt von Mikroorganismen, die auf seinen Häuten und Schleimhäuten komplexe und unterschiedlich zusammengesetzte Gesellschaften bildet.

Jeder Bereich des Verdauungsschlauches, angefangen von der Mundhöhle, dem Rachenraum und fortgesetzt über den Magen zum Dünndarm und Dickdarm ist besiedelt von einer jeweils eigentümlichen Flora aus Mikroorganismen in einer ungeheuren Anzahl.

Was ist Gesundheit?

Die volle Gesundheit (symbiontisches Gleichgewicht) ist im Zustand der optimalen Funktion der einzelnen Kompartimente und deren Zusammenwirken untereinander erreicht. Man nennt das »Eubiose«.

Demgegenüber steht das Ungleichgewicht des ökologischen

Systems, das sich im Zustand der Dysharmonie und sich somit in einer Symbiose parasitären Charakters befindet. Man nennt das »Dysbiose«.

Ursachen können sein:
- falsche Ernährung
- Dysoxibiose, das ist vermindertes Atemvermögen der Zelle durch Sauerstoffarmut, so dass die mitochondriale Arbeit nicht funktioniert.
- psychische Belastungen (negativer Stress)
- geopathische und Strahlenbelastungen durch Starkstromleitungen, Trafohäuschen, Wasseradern, kosmische Strahlen etc.
- endogene – exogene Toxine durch Fokaltoxikosen (Herdbelastungen)
- Umweltverschmutzung, Insektizide, usw.

Diese schädlichen Wirkungen führen bereits zu Krankheiten, die Aufwärtsentwicklung des Endobionten ist dazu abhängig von unserem inneren Milieu.

Zusammenhang mit der Ernährung

Unsere Lebensweise und unsere Ernährung sind nicht immer optimal. Der Streit um die richtige Ernährung ist im vollen Gange, immer neue Ernährungsformen werden propagiert. Die Auseinandersetzung damit macht Sinn. Allerdings ist es auch eine Tatsache, dass die sogenannten Zivilisationskrankheiten auf der Grundlage von Überernährung, Bewegungsmangel und äußeren Schadwirkungen entstehen. Trotz des fortgeschrittenen medizinischen Wissens und der sehr modernen medizinischen Behandlungsformen sterben die meisten Menschen nach wie vor an Zivilisationskrankheiten und Krebs

Krankheit, chronische Krankheit

Lange bevor typische symptomatische Krankheitserscheinungen in bestimmten Organen und Körperbereichen auftreten und fälschlicherweise bzw. oberflächlich als Grundkrankheit betrachtet werden, werden sie dann nur örtlich behandelt. Diese Behandlungen haben oft keinen oder nur wenig Erfolg. Meistens beginnt eine Endobiose mit Symptomen, die nicht unbedingt zu sofortigen Behandlungsmaßnahmen führt.

Allgemeinsymptome sind:
- Konzentrationsschwäche
- Schlechtes Allgemeinbefinden
- Ständige Müdigkeit, sogar schon morgens nach dem Aufwachen
- Infektanfälligkeit
- Appetitlosigkeit oder Heißhunger auf Süßes
- Leistungsminderung
- Kopfschmerzen
- Depressionen
- Hautprobleme
- Belegte Zunge
- Allergien
- Rezidivierende Candida-Mykosen (Hefepilze insbesondere im Darm- und Vaginalbereich)

Diese Hilferufe des Körpers sollten ernst genommen werden. Wenn man sie nicht behandelt, kann es dazu kommen, dass der Körper nicht mehr kompensieren kann und am Ende ein Organ erkrankt. Jeder Mensch hat eine »Schwachstelle«. Das schwächste Glied der Kette reißt und es entsteht die chronische Erkrankung.

Heilfasten

Es ist möglich, die wichtigsten Symbiontenformen und ihre Auswirkungen auf die Zellen mit der Dunkelfeldmikroskopie zu erkennen, um dann mit den notwendigen Maßnahmen zu behandeln. Eine dieser Maßnahmen ist so alt wie einfach: das Heilfasten.

Es gibt sehr aktuelle Erkenntnisse, die den positiven Effekt des Heilfastens auf wissenschaftlicher Basis nachgewiesen haben. In Russland, Deutschland und den USA befassen sich Mediziner und Biologen seit 5 Jahrzehnten mit dieser Form der Therapie. Deren Grundgedanke ist, dass die medikamentöse Behandlung einer Krankheit in eine Sackgasse führt. Es wurden verschiedene Parameter und deren Einfluss auf die Heilwirkung untersucht. Beispielsweise ob sich der Effekt durch die Kalorienreduktion beim Fasten noch steigern lässt oder ob sich Änderungen von Hormonspiegeln oder anderer Laborparameter im Blut feststellen lassen. Man betrachtete, bei welchen Krankheiten das Heilfasten tatsächlich positive Wirkung hatte und wie diese genau aussah. Zusammengefasst hat man bezüglich Krankheiten wie z.B. Diabetes, Bluthochdruck, Depression und weiterer psychischer Erkrankungen solche Erfolge verzeichnet, dass sich ein neuer Weg der Therapie bei diesen Erkrankungen anbot. Auch bei der Krebstherapie hat man erstaunliche Erkenntnisse gewonnen.

Erfolge des Heilfastens

In der sibirischen Ebene im Herzen Russlands ist das Fasten seit 15 Jahren ein fester Bestandteil der Gesundheitspolitik. Die Fastenbehandlung beruht auf Ergebnissen 40-jähriger Forschung dort, die in den westlichen Ländern nie veröffentlicht wurde. Die Patienten bekommen, je nach Schwere der Erkrankung bis zu 3

Wochen nur Wasser zu trinken. Bei chronischen Leiden werden die Medikamente nach 2–3 Tagen abgesetzt. Das Fasten erfolgt unter ärztlicher Aufsicht. Es kommt nicht zu einem Mangel an Nährstoffen und Vitaminen. Teilweise können die Werte schon etwas zurückgehen, aber nie auf kritisches Niveau. In den vergangenen 15 Jahren wurden etwa 10.000 Patienten behandelt, die unter Diabetes, Bluthochdruck, Rheuma, Asthma usw. litten. Bei 2/3 der Patienten waren nach der Kur alle Symptome verschwunden. Die vermutlich größte Herausforderung erscheint nach 3–5 Tagen, der sogenannten Fastenkrise, die es zu überwinden gilt. Dabei ist nicht der Hunger das Problem, sondern der Moment, wenn die Entgiftung startet. Wenn beim Patienten die Giftstoffe frei werden und ausgeleitet werden, kann es zu starken Symptomen kommen, wie Kopfschmerzen, Gelenk- und Muskelschmerzen. Das ist eine tiefgreifende Veränderung im Körper. Im Urin lässt sich während der Zeit ein Anstieg des Blut-pH-Wertes messen.

Woher kommen während des Fastens die lebenswichtigen Energielieferanten?

Der Körper verfügt über 3 Energielieferanten: Glukose, Lipide und Proteine. Der wichtigste Energielieferant ist die Glukose (Traubenzucker). Die Glukosereserve ist allerdings schon nach einem Tag Fasten erschöpft. Jetzt greift der Körper auf die Proteinreserven zurück und auf die Lipide, die in der Leber gespeichert sind und nun zu einem Glucoseersatz umgewandelt werden, den sogenannten Ketonkörpern. Diese versorgen jetzt den Körper und vor allem das Gehirn weiterhin vollständig mit Glucose.

Währenddessen regen Wickel, Massagen und Einläufe zusätzlich die Ausscheidungsorgane Leber, Niere und Haut an.

Spätestens am 7. Tag verspüren die Patienten eine Art Hochgefühl bis hin zur Euphorie. Sie haben das Gefühl, Berge versetzen zu können. Jetzt fragt man sich, was der eigentliche Fasteneffekt ist. Wenn 2/3 der Patienten sich besser fühlen, könnte es ein Placebo-Effekt durch die freigesetzten Glückshormone sein.

Heilung einer Depression durch Heilfasten

Wenn man nochmal 60 Jahre zurückgeht, hat ein russischer Arzt zufällig eine Entdeckung gemacht. Tätig in einer geschlossenen Anstalt für psychische Erkrankungen hat er auf die Nahrungsverweigerung eines depressiven Patienten nicht mit Zwangsernährung reagiert, sondern dessen Instinkt vertraut und ihn fasten lassen. Erstaunt stellte er fest, dass der Patient nach 5 Tagen den Negativismus verlor und am 10. Tag das Bett verlassen hat, um nach 15 Tagen am Leben um ihn herum wieder teilzunehmen. Als er die Klinik verlassen hat, war er geheilt. Eine Depression geheilt durch Fasten, das war ein Novum. Dieser Arzt begann daraufhin gegen den Widerstand der meisten Mediziner (Hunger ist etwas Schlechtes) seine erfolgreiche Forschungsarbeit, die über viele Jahre fortdauerte und darauf abzielte, mittels Messungen und Laboruntersuchungen den Kern des Fastens zu erkennen. Nachdem er einen so großen Erfolg bei den psychisch erkrankten Patienten verzeichnen und auch messen konnte (nicht nur psychisch, auch physisch waren die Patienten viel gesünder und fitter geworden), ging er an die Öffentlichkeit. Auch hier (im Bezug zu Béchamp und Enderlein) schlug diesem Pionier erst einmal Skepsis entgegen. Er stellte fest, dass durch die Ausschüttung von Hormonen wie Serotonin, Dopamin, Adrenalin und Noradrenalin der Körper auf den Stress des Nahrungsentzugs reagiert und damit die Selbstregulierung, die sogenannte Salugenese, angeregt wird.

Bei diesen Forschungen konnte man bei Asthma feststellen, dass die Zellen der Lungenschleimhaut teilweise umgeben von Zellen waren, die Histamin enthielten. Diese Zellen waren nach

2–3 Wochen Fasten vollständig verschwunden. Es wurden sämtliche Patienten mit allen möglichen Erkrankungen untersucht während des Fastens und am Ende konnte mittels Untersuchungen die Ursache für Erkrankungen nicht mehr nachgewiesen werden. Erhöhte Spiegel von Cortison, Insulin waren gesunken. Ebenso regulierte sich der Puls, der Blutdruck, der Zustand der Haut bei Ekzemen, die Polyarthritis. Der Allgemeinzustand verbesserte sich zusehends.

Trotz der großen Erfolge und Nachweise durch die Untersuchungen ist es den russischen Ärzten nie gelungen zu erklären, was eigentlich die Heilung hervorruft. Die Frage nach den genauen Mechanismen der Salugenese blieb unbeantwortet.

In Deutschland hat der Arzt Dr. Buchinger, durch schweren Rheumatismus an den Rollstuhl gefesselt, durch 2 Fastenkuren diesen wieder verlassen können. Heute wird in Kliniken in Deutschland nach seiner Methode das Heilfasten angeboten.

Es gibt genügend Widersacher, die gegen das Fasten argumentieren und dieses sogar als gefährlich einstufen. Wenn der Organismus auf eigene Speicher, vor allem den Proteinspeicher aus den Muskeln zurückgreift, wird es bei einem Abbau von 50 % der Muskeln (es ist ja auch der Herzmuskel davon betroffen) tödlich.

Das jedoch konnte eine Forschergruppe widerlegen, die in der Arktis Kaiserpinguine beobachtet und untersucht haben. Die Männchen können bis zu 4 Monaten fasten, während sie das Ei ausbrüten und in der Kolonie zusammen sind. Die Forscher haben den Prozentsatz des Eiweißspeichers gemessen, die der Pinguin während des Fastens abbaut. Diese Zahl beantwortet die Frage nach den Grenzen des Fastens. Das Ergebnis war erstaunlich, da die Proteine nur 4 % des Energieverbrauchs gedeckt haben. 96 % werden über die Lipide (Fette) gedeckt. Das bedeutet, dass der Organismus sich anpasst und sparsam mit seinen Proteinreserven umgeht. Bestätigt wurde dieses Ergebnis durch Untersuchungen bei Ratten, die bekanntlich nicht gerne aufs Fressen verzichten.

Auch hier konnte festgestellt werden, dass die Proteinspeicher kaum angegriffen wurden.

Die drei Phasen des Heilfastens

1. Phase: Leeren der Glucosespeicher der Leber innerhalb von 24 Stunden.
2. Phase: Beginn mit der Bildung von Glucose in Form von Ketonkörpern in der Leber durch Eiweißreserven. Dann, in der weiteren 2. Phase, wird die Energie aus den Fettspeichern gewonnen und nur ein kleiner Teil aus den Proteinspeichern.
3. Phase: Erst wenn bis zu 80 % der Fettreserven verbraucht sind, beginnt der Körper nicht mehr sparsam mit den Proteinreserven umzugehen. Jetzt muss dringend Nahrung zugeführt werden. Diese Phase tritt bei Pinguinen aber erst nach bis zu 100 Tagen ein.

Das heißt, dass bei allen Tieren der gleiche Mechanismus dem Fasten zu Grunde liegt. Diese Erkenntnis führt zu ungeahnten Perspektiven und Auswirkungen.

Überträgt man das auf den Menschen, dann kann man behaupten, dass bei einem Mann mit der Körpergröße von 170 cm und einem Gewicht von 70 kg ein Fettspeicher von 15 kg vorhanden ist. Das wäre ausreichend für ca. 40 Tage. Geht man von der Evolutionsgeschichte aus, gehörte es zum Leben, dass immer wieder Fastenperioden durch äußere Umstände überlebt werden mussten. Das Leben, das wir heute haben, regelmäßige Mahlzeiten, volle Kühlschränke sind nicht als naturgegeben zu betrachten. Somit ist es nicht verwunderlich, dass der Körper eher Probleme hat, wenn wir nicht fasten. Unser genetisches System ist besser auf das Fasten eingestellt als auf dauernde Nahrungszufuhr. Somit vertragen wir den Mangel besser als den Überfluss.

Mangel wird besser ertragen als Überfluss

Den Beweis liefert ein Wissenschaftler aus Italien, Valter Longo. Sein Fachgebiet ist die Biogerontologie, die Wissenschaft des Alterns. Sein Ziel ist es, den typischen Alterskrankheiten Einhalt zu gebieten, Alzheimer und Krebs eindämmen, das Altern ganz allgemein hinauszögern.

Seine Forschung beruht auf der maximalen Form der Kalorienreduktion, dem Fasten. Seine Frage war, dass wenn das Fasten den Körper vor allen möglichen schädlichen Substanzen schützen könnte, ob es das nicht auch vor einer der giftigsten Substanzklassen könnte, die es gibt, nämlich Chemotherapeutika. Diese werden zur Behandlung von Krebserkrankungen eingesetzt.

Er hat krebskranke Mäuse in 2 Gruppen aufgeteilt. Die eine Gruppe wurde normal ernährt, die andere bekam 49 Stunden keine Nahrung zugeführt. Eigentlich denkt, man, dass durch den Nahrungsentzug der Organismus schwächer wird. Aber er vertrat die These, dass er dadurch stärker wird. Er injizierte dann allen Mäusen die 3–5-fache Dosis des Chemotherapeutikums und sein Team war sehr gespannt darauf, wie das Ergebnis aussehen würde. Und es war eine Überraschung, denn alle fastenden Mäuse hatten diese Dosis überlebt und viele der normal ernährten Mäuse waren tot. Zwei unabhängige Labore wiederholten diesen Versuch und beide kamen zu demselben Ergebnis. Die Mäuse, die überlebten, waren zusammengekauert in einer Ecke, Herz und Gehirn hatten Schäden bekommen, die kognitiven Leistungen waren abgefallen, die fastenden Mäuse waren aktiv und man sah von außen keinen Unterschied zu den unbehandelten Mäusen. Das Fell war glatt und glänzend.

Mit diesen Ergebnissen war eine Studie an einem Krankenhaus in den USA begonnen worden. Die Patienten fasten 24 bis 48 Stunden vor der Chemotherapie. Mehr ist dort noch nicht vorgesehen. Es muss erst einmal bewiesen werden, ob das Fasten bei

Krebskranken ungefährlich ist, weil es zu der offiziellen Empfehlung konträr läuft. Gerade vor einer Chemotherapie wird zu einer erhöhten Kalorien- und Eiweißzufuhr geraten.

Allerdings wurde die Presse auf die Ergebnisse von Valter Longo aufmerksam, die für die Mäuseversuche gelten, und veröffentlichte diese sehr schnell. Fasten schützt gesunde Zellen vor den Schäden der Chemotherapie. Das führte dazu, dass bereits erkrankte Menschen diese Veröffentlichungen lasen. Eine Studie dauert bis zu 10 Jahre. Viele können nicht so lange warten und begannen deshalb auf eigene Faust zu fasten, bevor die Chemotherapie begonnen wurde.

Es ist ein wirklich erstaunliches Ergebnis, von dem diese Patienten berichten. Wenn sie gefastet haben vor der Therapie mit den Chemotherapeutika, waren bis zu keine Nebenwirkungen zu spüren. Haben sie nicht gefastet, ging es ihnen schlecht.

Was passiert jetzt auf Zellebene beim Fasten und wie wirkt sich das auf die Krebszellen aus?

Valter Longo untersuchte, um diese Frage beantworten zu können, Zellen aus Leber, Herz und Muskeln. Er beobachtete die Genexpression auf den entsprechenden Abschnitten der DNA.

Fasten – der Alptraum der Krebszellen

Die Gene steuern die Arbeit der Zelle. Am Anfang des Fastens war die Genexpression völlig normal. Nach 2 Tagen beobachtet Longo eine radikale Veränderung der Expression. Einige Gene sind über-, andere unterexprimiert. Die Zelle ändert ihre Expression so, als ob es einen Schutzmechanismus gibt. Als wäre das schon tief in ihrem Gedächtnis verankert, also genetisch festgelegt. Die Zellen haben ihre Lektion in den letzten 3 Millionen Jahren gelernt und schalten auf Schutzbetrieb um. Sie tun das, weil nur wenig Glucose und andere Nährstoffe zur Verfügung stehen und sie sich so gut wie möglich schützen müssen. Der sogenannte atavistische Reflex kann genutzt werden bei der Chemotherapie. Die gesunden Zellen sind dadurch vor der zerstörenden Wirkung eines Chemotherapeutikums geschützt. Am Ende stellt sich nun die Frage, wie sieht das bei der Krebszelle aus?

Beim Vergleich einer gesunden Zelle mit einer Krebszelle konnte festgestellt werden, dass die Genexpression nach 2 Tagen Fasten gegensätzlich zur Expression der gesunden Zelle verläuft. Die Krebszelle hat eine genetische Mutation erfahren und ihr evolutionsbedingtes Gedächtnis verloren. Die Schutzmechanismen funktionieren nicht mehr. Die Krebszellen hassen die Umgebung, in der es nur wenig Glucose und Wachstum gibt. Sie verlieren ihren Schutzmechanismus, sie sind angreifbarer durch die Chemotherapie und sterben. Aber auch ohne Chemotherapie ist Fasten somit für Krebszellen ein regelrechter Alptraum.

Zusammenfassung

Diese Erkenntnisse bestärken die Ansicht, dass das Milieu ausschlaggebend ist, ob man krank wird oder nicht. Deshalb ist die Dunkelfeld-Blutanalyse eine hervorragende Methode, um den momentanen Zustand des Blutes zu erfassen. Und durch entsprechende Maßnahmen, rechtzeitig eingeleitet, kann verhindert werden, dass Krankheiten chronisch werden. Die Symbiose mit unseren Endobionten (Symbionten) funktioniert dann, wenn wir für eine positive Umgebung sorgen. Die Symbiose von Mensch zu Mensch, Mensch zu Umwelt, Mensch zu seinen Zellen, unterliegt nur uns selber. Wir können entscheiden, wie wir uns verhalten. Untereinander und unserem Körper gegenüber.

Der Symbiont kann also unser Freund oder unser Feind sein.

In meiner Praxis biete ich 2 verschiedene Formen des Fastens an. Zum einen das Fasten nach Hildegard von Bingen und zum anderen das ayurvedische Heilfasten. Aber schon einzelne Fastentage oder einfach mal auf etwas verzichten, ist schon ein Schritt in die richtige Richtung.

Fasten Sie in allen Bereichen, reinigen Sie Ihre Gedanken und besinnen Sie sich auf die innere Stimme, die Ihnen sagen wird

Siehe da, was das Fasten bewirkt!
Es heilt die Krankheiten,
verscheucht verkehrte Gedanken,
gibt dem Geist größere Klarheit
und führt den Menschen vor den Thron Gottes.
Athanasius (295–373)

Vita Bettina Sedlmaier-Erlenfeld

Bettina Sedlmaier-Erlenfeld ist Heilpraktikerin und Ernährungstherapeutin. Sie ist seit 2003 als Heilpraktikerin tätig, seit 6 Jahren in eigener Praxis mit den Schwerpunkten Dunkelfeldmikroskopie, klassische Naturheilkunde, Traditionelle Chinesische Medizin und Ernährungstherapie.

Ihre Laufbahn begann als Arzthelferin in einer Allgemeinarztpraxis in Kempten. Dort hatte sie zum ersten Mal Kontakt zur Naturheilkunde. Eigenblutbehandlungen und die Neuraltherapie waren Methoden, die dort angewendet wurden. Da im Blut viele Informationen über den körperlichen Zustand zu finden sind, führte sie der Wunsch nach mehr Wissen ins Labor. Sie absolvierte die Berufsfachschule für medizinisch-technische Assistenten in Kempten und bekam einen Überblick über die einzelnen Teilgebiete der Labormedizin.

Nach bestandener Prüfung arbeitete sie erst in der Transfusionsmedizin im Schwabinger Krankenhaus, wechselte dann zur Ludwig-Maximilians-Universität in München, Teilgebiete waren die Parasitologie und die Mikrobiologie. Seit fast 20 Jahren arbeitet sie in der bakteriologischen Grundlagenforschung. Die

Mikroskopie war und ist ihr Spezialgebiet und die Dunkelfelddiagnostik ist eine perfekte Ergänzung in der eigenen Praxis. Sie wendet die Isopathie, Komplexhomöopathie, die klassische Naturheilkunde sowie die Ernährungstherapie an. Unterstützend arbeitet sie mit den Patienten energetisch über die Meridiane in Form der TUINA-Massage, der Ohrakupunktur und den japanischen Heilströmen.

Weitere Informationen finden Sie unter www.naturheilpraxis-erlenfeld.de

»*Die Mittel, welche das natürliche Heilverfahren beansprucht, beruhen in Licht, Luft, Wasser, Diät, Ruhe und Bewegung in ihren verschiedenen Anwendungsformen, Dinge, die, wenn sie normal vorhanden, den gesunden Organismus gesund erhalten und wieder gesund machen können, wenn er erkrankt ist.*«

Sebastian Anton Kneipp (* 17. Mai 1821 in Stephansried; † 17. Juni 1897 in Wörishofen) war ein bayerischer Priester und Hydrotherapeut. Er ist der Namensgeber der Kneipp-Medizin und der Wasserkur mit Wassertreten.

Positiv denken und handeln aus Sicht des Psalmisten DAVID bereits 800 v.Chr.

»Herr, wer darf Gast sein in deinem Zelt,
war darf weilen auf deinem heiligen Berg?
Der makellos lebt und das Rechte tut;
der von Herzen die Wahrheit sagt
und mit seiner Zunge nicht verleumdet;
der seinem Freund nichts Böses antut
und seinen Nächsten nicht schmäht;
...
der sein Versprechen nicht ändert,
das er seinem Nächsten geschworen hat;
der sein Geld nicht auf Wucher ausleiht
und
nicht zum Nachteil des Schuldlosen
Bestechung annimmt.
Wer sich danach richtet
der wird niemals wanken.«

Psalm 15

Frage: Wie viel menschliches Leid und Elend wäre nicht eingetreten, würden wir Menschen uns an die göttlich inspirierte Weisheit des Psalmisten halten?

Um »Mehr Respekt und Brüderlichkeit« bat Papst Franziskus Ostern 2016.

Georg Sedlmaier – Wie trägt positives, lebensbejahendes Verhalten zur Gesundheit bei?

»Aller guten Dinge sind drei«, so heißt es im Volksmund.
Ich übertrage diese Volksweisheit auf die Ziele der IG FÜR … (Interessengemeinschaft FÜR gesunde Lebensmittel e.V.) und komme auf:
1. positives Verhalten
2. gesunde Ernährung – Lebensmittel als Mittel zum Leben
3. sinnvolle und regelmäßige Bewegung

Unser nunmehr fünftes IG FÜR-Buch »Gesund durchs Leben« will diese Themenbereiche vielfältig aufgreifen. Aus dem Kreis der IG FÜR- Mitglieder und -Freunde habe ich Experten gebeten, sich eines Themas zum gesunden Leben anzunehmen. Das schwierige Thema: »Positives Verhalten« habe ich für mich ausgewählt.

Vielleicht wundern Sie sich jetzt, dass gerade ich als langjähriger Lebensmittelkaufmann nicht über gesunde Lebensmittel schreibe?

Bei meinen Vorträgen vor erwachsenen Zuhörern spreche ich öfters die große Bedeutung positiven Verhaltens an. Mitunter erlebe ich Überraschungen. Und auch ich kann meine Zuhörer überraschen, wenn ich ihnen von einem einfachen Test berichte, mit dem sofort klar wird, was positives Verhalten mit gutem Essen zu tun hat. Testen Sie es einfach selber, wenn Sie wollen:

Streiten Sie mit Ihrem Lebens- und Essenspartner richtig kräftig und versöhnen Sie sich vor dem gemeinsamen Essen nicht. Dies gehört zum Test.

Dann könnte es sein, dass Ihnen sogar ein vorzügliches, regionales Bioessen nicht gut bekommt. Diese Erkenntnis gilt nicht nur für diesen Test, sondern fürs ganze Leben.

Wenn wir »nachtragend« sind, dann tragen wir selber viel Last.
Wenn wir uns gerne »beschweren«, dann wird es schwer.

Die deutsche Sprache ist hier sehr inhaltsreich und nachdenkenswert.

Wenn ich mir nun erlaube, über das Thema »Positives Verhalten« zu schreiben, dann bedeutet dies leider nicht, dass ich alles richtig mache und nicht auf Verzeihung, Nachsicht und Barmherzigkeit meiner Mitmenschen angewiesen bin. Aber wir dürfen zeitlebens danach streben nach dem Motto:

»Liebe Deinen Nächsten wie Dich selbst« (siehe in der Bibel: 3. Mose 19 und Matthäus 19/19).

Oder bei Goethe im Faust: »Wer immer strebend sich bemüht, den können wir erlösen« (Zitat).

In meiner bayerischen Heimat sagt man mitunter:

»Der mag sich ja selber nicht.«

Dies bedeutet Vorsicht! Mit dem ist »nicht gut Kirschen essen« – warte lieber ab, bis diese Person wieder »besser aufgelegt ist«.

Manche Mitmenschen gehen zum Lachen am liebsten sprichwörtlich »in den Keller«.

Dabei wusste schon Charlie Chaplin: »Jeder Tag ohne Lachen ist ein verlorener Tag.«

Uns gelingt nicht immer alles, was wir planen.

Vielleicht ist dies sogar gut?

Bewusste Rückblicke

In meinem 50-jährigen Berufsleben habe ich gelernt, bewusste Rückblicke nach den drei Kriterien zu pflegen:
- Was war neu?
- Was hat sich bestätigt?
- Was lerne ich daraus?

Wenn ich bereit bin, auch aus Misserfolgen zu lernen, dann waren diese nicht umsonst. Solche Rückblicke dürfen wir nicht nur bei Dienstbesprechungen gemeinsam durchführen.

Ich mache vor dem Einschlafen den persönlichen Tages- oder Wochen-Rückblick.
Bitte nicht vergessen, sich über positive Erlebnisse sofort kräftig zu freuen und dankbar zu sein!
»Glücksmomente sind Kraftmomente!«
Darüber habe ich sogar mein zweites Büchlein geschrieben.
Ob es gemeinsame Erlebnisse mit meinen vier Enkeln waren oder herrliche Reiseerlebnisse oder meine Erlebnisse in SOS-Kinderdörfern. Diese positiven Erlebnisschätze dürfen wir abrufbereit halten. Für gute Erlebnisse dürfen wir dankbar sein und diese positiv »abspeichern«. Wir können diese Erlebnisse sicher noch öfters als Lebensstärkung gebrauchen.

Lebenslanges Lernen

Lebenslanges Lernen ist angesagt.
Drei Wege sind mir bekannt:
- Lernen durch Erkenntnis
- Lernen durch Schmerz
- Lernen durch Liebe

Trotz aller Lernwege, Berufs- und Lebenserfahrung kann es uns plötzlich »faustdick« überrollen. Neue Herausforderungen und Überforderungen. Oft habe ich dann die Probleme an den »Obersten Chef« delegiert. Dieses »nach oben delegieren zu Gott« beruhigte mich oftmals.
Ich fühlte mich nicht mehr alleine.

Schöpferische Pausen

Ich brauchte auch »Schöpferische Pausen« der Ruhe, der Besinnung, des Abschaltens – des Lebens in »zeitdichten Schotten« (der amerikanische Erfolgsautor Dale Carnegie empfiehlt diese zeitdichten Schotten – Arbeit und Erholung). Hilfreich kann sein: »Denke erst und handle dann und handelnd denke noch daran.«

Werde ich gelebt/fremdgesteuert?

Alleine oder mit meiner Frau/Familie oder mit Freunden fand ich Stärkung beim Wandern in den Bergen.

Dabei wurden mit steigender Höhe die Häuser und die Menschen im Tal immer kleiner – und oftmals auch die Probleme. Mit der körperlichen Bewegung kamen mitunter auch eine geistige Bewegung und eine neue Sichtweise zustande.

Oftmals zog ich mich alleine in eine kleine Kapelle zurück zur Meditation, zum Gebet. Als spirituelles Erlebnis empfand ich ein dreitägiges Schweige-Exerzitien in einem Kloster mit theologischer Betreuung. Nach der Einführung und gegenseitigen Vorstellung waren wir auch beim gemeinsamen Essen still.

Es gab Meditation, Vorträge, Bibelbetrachtungen und Körper-Wahrnehmungsübungen.

Einige hilfreiche Rückblicksätze habe ich mir sogar notiert. Vielleicht sind Sie auch Ihnen nützlich?
- Welche prägenden Ereignisse haben mich in diesem Jahr berührt, geprägt evtl. verändert? Warum?
- Welche Begegnungen mit Menschen waren bedeutsam?
- Welche Aufgaben haben mich herausgefordert, vielleicht sogar gefördert?
- Gab es Entscheidungs- und oder Wendepunkte? Was haben sie mit mir gemacht?

- Wo sind meine Kraftquellen? Wie oft suche ich sie auf?
- Wo waren Wüsten und Oasen?
- Wo und wann gab es Glaubenserfahrungen, Begegnungen mit Gott?
- Wie stehe ich in der Beziehung zu mir selbst? – Gibt es einen Vorsatz für meinen weiteren Lebensweg?

Natur, Berge, Wasserfälle, Meeresrauschen, Tierbegegnungen können Glücks- und Kraftmomente zur Stärkung sein.

Immer wieder konnte ich eine Dreiheit entdecken:
- Körper, Geist und Seele
- Denken, Fühlen und Wollen
- Vater, Mutter und Kind
- Glaube, Hoffnung und Liebe
- Gottvater, Sohn und Heiliger Geist (Dreifaltigkeit)

Die Dreiheit als Prüfstein der Vollständigkeit

Teamwork

Wir Menschen haben sehr unterschiedliche Begabungen, Talente und Fähigkeiten und sind auf Mithilfe und Teamwork angewiesen.

Da ich in den 50 Jahren bei Dallmayr, Feinkost in München, bei EDEKA, REWE, Feneberg Lebensmittel im Allgäu und bei Firma tegut… gute Lebensmittel in Fulda oftmals mit neuen Herausforderungen plötzlich konfrontiert wurde, war positives Teamwork überlebenswichtig.

Ich erlebte dabei: »Alles wirkliche Leben ist Begegnung.«

Ich denke dabei an die so bedeutsame Begegnung mit einer Dallmayr-Kollegin, welche dann meine Ehefrau und Mutter unserer Töchter wurde.

Die Begegnung mit Menschen unterschiedlicher Berufe und Fähigkeiten kann überaus lebensbereichernd sein.

Darüber habe ich in meinem Büchlein »Begegnungen« geschrieben.

Wenn wir Zeitung lesen, Nachrichten hören, kann es sein, dass wir wütend, kleinlaut, ärgerlich, bestürzt oder hilflos werden.

Es besteht die Gefahr, dass wir stark in den negativen Bereich geraten, das kann gefährlich werden. Gott sei Dank gibt es auch eine »Multiplikation des Guten«.

Wir dürfen und wollen »gute Kräfte stärken«. Wenn wir positive Ausschau halten, entdecken wir lohnenswerte Ziele und Aufgaben.

Ich hatte das große Glück, den Gründer der weltweiten SOS-Kinderdörfer Prof. Dr. Hermann Gmeiner und seinen Nachfolger Helmut Kutin persönlich in Kempten/Allgäu kennenzulernen.

Bei einem Mittagessen-Gespräch meinte er zu mir: »Du machst für mich ein SOS-Kinderdorf – hast du mich verstanden?« Ich habe es nicht verstanden – aber angefangen.

In den letzten 30 Jahren habe ich 1.108.000 Euro für zehn SOS-Kinderdorf-Projekte weltweit sammeln dürfen. 230 Paten sorgen dafür, dass Waisenkinder »nicht nur den Fisch bekommen, sondern auch die Angel«, also eine gute Ausbildung, um ihr Leben selber zu meistern.

Die SOS-Paten und ich fühlen sich selber als ideell Beschenkte.

Als Lebensmittelkaufmann bemerkte ich die vielen künstlichen Aromen und Geschmacksverstärker, welche unseren natürlichen Appetit und das Hören auf den Körper irritieren können. Hühnersuppe ohne Huhn, Rindfleischsuppe ohne Rindfleisch und Erdbeeraroma ohne Erdbeeren als Beispiele.

Nach dem Motto »Gute Kräfte stärken« und »Leben und Essen im Einklang mit der Natur« und »Jeder Einkauf ist ein Stimmzettel« gründete ich 1997 mit 20 Mitstreiter/Innen und dem damaligen Landwirtschafts-Bundesminister Ignaz Kiechle die nun internationale IG FÜR gesunde Lebensmittel e.V.

Aus den 20 Mitgliedern wurden 700 IG FÜR-Mitglieder.

Mit den Sammelbänden »Mehr tun, als man tun muss« zum Thema ehrenamtliches, erfolgreiches Engagement mit 19 Autoren und »Vielfalt statt Einfalt« – Leben und Essen im Einklang mit der Natur – mit 21 Autoren aus Deutschland, Österreich, Schweiz, Peru und Ägypten zeigen wir positive FÜR-Wege auf.

Wir arbeiten ehrenamtlich in der Bewusstseinsbildung für Lebensmittel als Mittel zum Leben mit großen Jahres-Symposien, einer Mitglieder-Zeitung und Internetauftritt: www.ig-fuer.de

Ich hoffe, dass dieses nunmehr fünfte IG FÜR-Buch »Gesund durchs Leben« Ihnen eine praktische, positive Wegehilfe sein kann.

Georg Sedlmaier
Lebensmittelkaufmann

Vita Georg Sedlmaier

1997 gründete der geborene Niederbayer unter dem Motto »Lebensmittel sind Mittel zum Leben! und jeder Einkauf ist Ihr Stimmzettel!« die IG FÜR. Seitdem ist er das Gesicht der IG FÜR und trägt als Vorsitzender die IG FÜR-Themen unermüdlich in die Öffentlichkeit.

Mit Lebensmitteln kennt er sich aus: Mehr als 50 Jahre war er als Lebensmittelkaufmann tätig. Zahlreiche namhafte Unternehmen wie Rewe, Edeka, Dallmayr und Feneberg zählen zu seinen beruflichen Stationen. Ab 1990 war er in verschiedenen Geschäftsbereichen in der Geschäftsleitung von tegut tätig. Daneben war er über 18 Jahre Mitglied im Vorstand der tegut Theo Gutberlet Stiftung & Co.

Außerdem engagiert sich der Lebensmittelkaufmann seit über 30 Jahren ehrenamtlich für die SOS-Kinderdörfer und ist als Autor und Herausgeber tätig. Zuletzt veröffentlichte er den Sammelband »Vielfalt statt Einfalt – Leben und Essen im Einklang mit der Natur«.

Mehr miteinander, weniger nebeneinander, schon gar nicht gegeneinander, im Grunde füreinander.

Georg Sedlmaier

Maren Stahl – Gesundheit – eine Frage des Bewusstseins?

Gesundheit und Krankheit als Wege zur Heilung

Was bedeutet für Sie Gesundheit? Nicht krank zu sein? Sich rundherum wohl zu fühlen? Und wenn Sie von Gesundheit sprechen, meinen Sie dann einen andauernden Zustand oder eher eine Momentaufnahme? Gesundheit ist schwer fassbar und schwer zu beschreiben. Meist nähern wir uns bei ihrer Definition von der Gegenseite an, dem Begriff »Krankheit«.

Für mich ist »Heil-Sein« der originäre Seins-Zustand des Menschen. Wir sind von der Schöpfung her heil, ganz und vollkommen gemeint. Dies ergibt sich aus der menschlichen Zugehörigkeit zum All-einen-Geist. Unsere Seele, als Verbindung zu diesem All-einen-Geist, erinnert uns unaufhörlich daran, dass ein Leben in Freude und bedingungsloser Liebe vorgesehen ist. Alle Zustände, die davon abweichen, sind Weckrufe der Seele, dass etwas anderes möglich ist.

Auf unserer Erde ist alles Polarität: hell – dunkel, warm – kalt, männlich und weiblich. So existieren auch gesund und krank als voneinander getrennte Pole, und doch wirken sie als zwei Seiten einer Medaille. Keine von beiden ist besser oder schlechter als die andere, nur anders. Krankheit bedeutet für mich, dass gerade ein Symptom meines Körpers oder meiner Psyche deutlich macht, welche Entwicklungsschritte anstehen. Wenn ein Mensch sich als krank bezeichnet, nimmt er Symptome wahr. Und doch ist ein Symptom nicht per se eine Krankheit. Meiner Ansicht nach ist ein Symptom ein Hinweis auf konflikthafte Lebensumstände.

Jede Krankheit des Körpers ist eine Botschaft der Seele. »Wie innen, so außen« ist keine neue Erkenntnis. Sie ist in den Naturreligionen integriert, ebenso in der östlichen Gesundheitslehre.

Die westliche Schulmedizin kann lebensrettend sein z.B. bei Herzinfarkt, Blinddarmentzündung oder Beinbruch. Das ist ihr großer Verdienst. Lebensrettend ist jedoch nicht gleichbedeutend mit heilend. Blaise Pascal sagte dazu: »Krankheit ist der Ort, wo man lernt.« Krankheit könnte deshalb als eine Botschaft der Seele verstanden werden, die so lange bleibt, bis sie gehört und umgesetzt wird. In den Jakobus-Büchern von Ingrid Lipowsky heißt es: »Jede Krankheit ist die Sprache der Seele dieses Menschen. Wenn du dem Menschen nur die Krankheit nimmst, ohne dass er die Sprache seiner Seele versteht, ohne dass er weiß, was seine eigene Seele ihm durch die Schmerzen seines Körpers sagen will, kannst du nicht wirklich heilen. Wenn du heilen willst, so lerne, die Sprache der Seele zu verstehen. Erst wenn der Mensch versteht, was ihm zum Heilsein fehlt, kann er heil werden, kann er ganz werden.« Im Buch »Geschichten aus dem Garten Eden« erklärt Lipowsky: »Zuerst schreibt die Seele mit dem Bleistift in den Körper. Ihr versucht sie auszuradieren. Dann schreibt sie mit dem Kuli. Ihr macht Tipp-Ex drüber. Dann schreibt sie mit Hammer und Meißel in Stein. Dann versucht ihr es wegzuschneiden.«

Gesund-Sein bedeutet für mich noch nicht Heil-Sein. Heil-Sein entsteht durch die bewusste Überwindung der Polarität auf Erden. Gesundheit und Krankheit sind Ausprägungen dieser Polarität. Gesundheit kann sich mit zunehmendem Bewusstsein und in Verbundenheit mit dem All-einen-Geist räumlich und zeitlich ausweiten und schließlich ins Heil-Sein münden.

Mutet dieser Erklärungsansatz für Sie ein wenig unglaubwürdig an? Klingt es nach Einbildung, Wunderheilung oder Esoterik? Nun, es handelt sich hierbei um ein methodisches und wissenschaftliches Vorgehen, für das selbst aus den Reihen der naturwissenschaftlich geprägten Medizin, der Psychoneuroimmunologie (PNI) und der Epigenetik mehr und mehr Beweise gefunden werden. Der folgende Ansatz entspringt den Geisteswissenschaften.

Er ist gleichsam simpel wie ungewohnt und doch hoch wirksam. Sind Sie bereit für einen Perspektivwechsel?

Der Mensch als ganzheitliches Wesen (nach Robert Betz, Diplom-Psychologe)

Der Mensch besteht aus vier Haupt-Körpern: dem physischen, grobstofflichen Körper und drei feinstofflichen Körpern, dem Emotionalkörper (Gefühlskörper), Mentalkörper (Gedankenkörper) und dem spirituellen Körper. Daskalos, der große griechische Heiler, hat neben anderen Gelehrten viel darüber berichtet.

Wenn es uns schlecht geht, d.h. wir nicht glücklich sind, nicht klar wissen, was wir wollen oder wir Krankheitssymptome bekommen, liegt dies oft an einer mangelnden einheitlichen Ausrichtung dieser vier Körper. Dies wiederum resultiert aus einem meist unbewussten Umgang mit Gedanken und Emotionen, die sich in bestimmten Körperempfindungen ausdrücken. Bei Nicht-Beachtung mündet diese Unbewusstheit letztendlich in körperlichen und geistigen Symptomen, die zu stärkeren Symptomen, weiter zu Krankheiten und weiter zu lebensbedrohlichen Krankheiten führen können.

Jeder dieser Körper verhält sich wie eine individuelle Persönlichkeit mit ihren eigenen Vorstellungen und Wünschen.

In Bezug auf unseren **physischen Körper** unterscheiden wir zwischen seiner grobstofflichen und feinstofflichen Ausprägung. Um für unseren grobstofflichen Körper eine gute Funktionsweise zumindest theoretisch ermöglichen zu können, gibt es eine Flut von naturwissenschaftlichen Studien und Empfehlungen. Dies ist nicht verwunderlich, denn wir leben in einer materialistisch geprägten Welt. Zum Kern dieses Ansatzes gehört eine gesunde, vitalstoffreiche Ernährung, ausreichend erholsamer Schlaf und regelmäßige Bewegung.

Neben unserem grobstofflichen, physischen Körper gibt es eine feinstoffliche, nicht sichtbare Kopie dieses physischen Körpers. Sie vermittelt unter anderem zwischen dem Fein- und Grobstofflichen und ist Träger der Körperwahrnehmungen. Sie fungiert als Übersetzer für die Energie des Emotionalkörpers in Körperwahrnehmungen und manifestiert feinstoffliche Informationen im grobstofflichen Körper, wenn sie nicht gehört werden. Der feinstoffliche physische Körper liebt gutes, schmackhaftes Essen, genussvoll und stilvoll, gute Getränke in ausreichenden Mengen, Bewegung, frische Luft, Berührung, Zärtlichkeit, lustvollen, erfüllten Sex, tiefes Atmen, ausgewogenes Anspannen und Entspannen, ausreichend erholsamen Schlaf, liebevolles Wahrnehmen und Würdigen, Bejahung und Annahme, Wertschätzung und vieles mehr.

Der **Emotionalkörper** ist ebenfalls feinstofflicher Art. Er ist Träger der Gefühlsenergien und liebt es zu fühlen. Dabei unterscheidet der Emotionalkörper nicht zwischen guten und schlechten Emotionen. Er ist die Kontrollinstanz für den Mentalkörper. Unwahre Gedanken werden durch unangenehme Emotionen angezeigt. Damit ist er auch Unterstützer für den Spiritualkörper. Der Emotionalkörper möchte Liebe, Anerkennung und Würdigung erfahren. Er benötigt Aufmerksamkeit. Er möchte fühlen, möglichst viele Emotionen fühlen, auch im Wechsel. Er braucht das »Ja« zum Gefühl und zum Fühlen. Es geht ihm um das Zulassen. Er liebt intensive Emotionen und die Liebe. Er drückt sich über den physischen Körper aus, z.B. durch Umarmungen oder Tränen.

Der **Mentalkörper** ist Träger der Gedanken und Ideen. Er besitzt die Fähigkeit zu analytischem, trennendem und vergleichendem Denken, Messen und Unterscheiden. Er hat kein Interesse an Emotionen. Er unterstützt den Spiritualkörper durch Prüfen seiner Visionen, Vergleichen von Ideen, Abwägen.

Der Mentalkörper liebt das Denken und geistige Nahrung wie

Lesen und gute Gespräche. Er hat Lust am Verstehen, Erkennen und an AHA-Erlebnissen. Er mag Aufgaben lösen, lernen, liebt Abwechslung und Klarheit.

Gedanken sind unser erstes Schöpfungsmaterial. Jeder Mensch hat Grundgedanken über sich selbst, die Anderen, das Leben, Gott. Gedanken bilden Glaubenssätze und Überzeugungen. Sprichwörter wie »Das Leben ist kein Zuckerschlecken« oder »Nur, wenn du fleißig bist, wird etwas aus dir« beschreiben unterschiedliche Lebensprogramme und Denkmuster, die hinter solchen Gedanken stehen können. Gedanken erschaffen und nähren Emotionen. Gedanken können bewusst oder unbewusst, aufbauend, herunterziehend, wahr oder unwahr sein.

Pro Tag denken wir 50–100.000 Gedanken, von denen uns ca. 95 % unbewusst sind. Wir kreieren daher unsere Lebenswirklichkeit mit uns weitgehend unbewusstem Gedankenmaterial.

Der **Spiritual-Körper** ist Träger der Idee von uns selbst, von dem Aspekt der Liebe, den wir ins Leben bringen. Er ist die Verbindung zur Quelle, zu unserem Ursprung. Der spirituelle Körper liebt Stille, Meditation, Gebet, Besinnung, die Beziehung zu Gott, Musik, Glück und Erfüllung finden, den Sinn des Lebens leben, auf die Stimme des Herzens hören und ihr folgen, Erkennen größerer Zusammenhänge, seine Berufung finden, das Erinnern unserer wahren Natur, das All-Eins-Bewusstsein.

Das Zusammenwirken von Körper, Geist und Seele

Unsere Lebenswirklichkeit ist subjektiv. Auch die Quantenphysik hat bereits nachgewiesen, dass es n-fache Möglichkeiten von Wahrnehmungen und Entscheidungen in jedem einzelnen Augenblick gibt. Jeder Mensch, genau genommen sein Geist, erschafft damit seine eigene Lebenswirklichkeit, und das in jedem Moment neu. Wenn wir unser Denken von positiv auf negativ umschalten, verändert sich die Energie in unserem Körpersystem ebenfalls von positiv auf negativ. Unsere negativen Gedanken haben unausweichlich negative Konsequenzen auf unseren Emotionalkörper und damit auch auf den physischen Körper. Es braucht nicht viel Phantasie, um sich vorzustellen, wie negative Gedanken Organe und Gewebe des Körpers nachteilig beeinflussen können und wie ein anhaltend negativer Energiestatus die Gesundheit und das Wohlbefinden gefährden kann.

Seit dem Tag unserer Geburt wird unser Mentalkörper mit Informationen, Perspektiven, Meinungen, Theorien und Bewertungen gefüttert. Abhängig von unserer spezifischen Familiensituation und unserer Persönlichkeit machen wir uns ein Bild von uns selbst, anderen Menschen und der Welt. Dieses Bild ist immer eine Be-Urteilung und damit oftmals eine Ver-Urteilung. In unserer Kindheit und Jugend erschufen wir uns insbesondere durch die Bewertungen unserer Eltern und nahen Bezugspersonen negative Gedankenmuster und schließlich Glaubenssätze, die sich durch ständige Wiederholung in unserem System automatisierten. Diese Gedanken wie z.B. »Ich hab's mal wieder nicht richtig gemacht« oder »Ich bin einfach nicht gut genug« oder »Ich werde nur geliebt, wenn ich mich auf bestimmte Art und Weise verhalte« lösten in ihrem Ursprung meistens ein starkes Gefühl aus, z.B. Trauer, Angst, Ohnmacht, Wut, Scham etc. In unserer Erziehung brachte man uns jedoch bei, diese »negativen« Gefühle nicht zu fühlen. Bei Angst hörten wir z.B. »Du brauchst doch keine Angst zu haben«, bei Wut »Jetzt sei endlich still«, bei Scham z.B. »Jetzt stell dich doch nicht so an. Reiß dich zusammen.« Auf diese Weise haben wir gelernt, unsere Gefühle wegzudrücken.

Stattdessen entwickelten wir spezielle Lebens-Strategien, um diese Gefühle nicht mehr fühlen zu müssen. Wir sind in die Leistungs-Strategie gegangen, um uns Wertschätzung zu holen, die wir in uns nicht genügend fühlten. Oder wir haben uns angepasst, um nicht anzuecken oder nicht aufzufallen. Dazwischen gibt es noch eine Reihe von anderen Mechanismen, die alle dazu dienten, das unterdrückte Gefühl nicht mehr fühlen zu müssen. Trotz dieser Strategien, die wir seit unserer Kindheit anwenden, sind all die negativen Gedanken, die dieses Gefühl ursprünglich ausgelöst haben, noch in unserem System vorhanden. Weil wir diese Gedanken jedoch bewusst nicht mehr wahrnehmen und auch die damit zusammenhängenden Gefühle nicht mehr fühlen, manifestieren sie sich auf körperlich-materieller Ebene, um sich wieder in die bewusste Wahrnehmung zu bringen. Dies geschieht oft über körperliche Symptome, aber auch durch Zustände von Unzufriedenheit, Mangel oder andere.

Es geht also darum, diesen negativen Gedanken mit Ursprung in unserer Kindheit auf die Schliche zu kommen. Alles, was einmal gedacht, gefühlt, wahrgenommen oder erlebt wurde, ist im Unterbewusstsein gespeichert. Neuere Studien sprechen davon, dass dieses Gedächtnis seinen Hauptsitz nicht im Gehirn, sondern in jeder einzelnen Zelle unseres Körpers hat. So lässt sich auch nachvollziehen, dass sich Symptome in ganz speziellen Organen oder Körperregionen zeigen, die das Gedankengut der jeweiligen Person repräsentieren, z.B. Nierenleiden bei Angst, Lebersymptome bei Wut, Lungenprobleme bei Trauer.

Viele Symptome sind also keine Krankheiten, sondern werden durch Hormonausschüttung aufgrund unserer eigenen, unbewussten Ängste verursacht. Ändern sich die Gedanken durch neue Informationen, ändert sich auch die Ausschüttung unserer chemischen Botenstoffe, und das Symptom verschwindet wieder. Alle heute als Krankheiten bezeichneten chronischen und psychosomatischen Störungen lassen sich dadurch erklären wie z.B. Migräne, Allergien oder spezielle Hautkrankheiten. Nahezu alle Symptome beruhen darauf, dass Emotionen basierend auf negativen Gedanken unterdrückt wurden und unser Körper sie als Mülldeponie speichern muss, bis er nicht mehr kann.

Heute im Erwachsenenalter können wir diese negativen Gedankenmuster bewusst wahrnehmen und erneut auf ihren Wahrheitsgehalt überprüfen. Wir können unsere ehemals verurteilenden Gedanken zurücknehmen und uns selbst und anderen vergeben. Dazu benötigen wir die Verbindung zu unserem Spiritual-Körper, unserem spirituellen Herzen. Das braucht zu Beginn etwas Geduld, da diese Verbindung bei den meisten von uns bereits in unserer frühen Kindheit abgebrochen ist und diese Herzenssprache sehr viel leiser und subtiler daherkommt als unsere lauten Gedanken.

An dieser Stelle gilt es, eine neue Haltung zum Leben zu finden. Eine Haltung, die nicht durch die Dominanz des Mentalkörpers bestimmt wird. Wir können die Verbundenheit mit unserem Spiritualkörper und damit der Stimme unseres Herzens wieder aufnehmen, indem wir unseren jetzigen Zustand annehmen, unsere bisherigen Urteile zurücknehmen, vergeben und unsere Gefühle bejahend fühlen. Hierdurch übernehmen wir Verantwortung, unser Leben entscheidend zu verändern. Dies ermöglicht uns, eine neue, positive Entscheidung zu treffen in Bezug auf uns selbst, andere und die Welt. Es ist wirklich verblüffend, wie unterschiedlich wir unsere Realität wahrnehmen, je nachdem ob wir sie mit unserem Verstand oder durch unser spirituelles Herz betrachten. Dieser Prozess der Bewusstwerdung und des Kontakthaltens mit dem Spiritualkörper erfordert meiner Erfahrung nach etwas Übung und eine »beherzte« Umsetzung. Um den Verstand auf diesem Weg mitzunehmen, empfiehlt es sich, zunächst mit kleinen Veränderungen zu beginnen. Unser Kopf ist so lange auf die wiederkehrende Produktion negativer Glaubenssätze und auf die Trennung von unserer inneren Quelle getrimmt worden, dass es kontinuierliche Übungen benötigt, um diese Programmierung nachhaltig zu verändern. Das Ergebnis lohnt sich auf körperlicher und seelischer Ebene. Autoren wie Andreas Winter in »Heilen ohne Medikamente«, Doc Childre in »Die HerzIntelligenz Methode« oder Rüdiger Dahlke in »Krankheit als Weg« berichten von erstaunlich anmutenden Heilungen. Diese gehen mit einem zunehmenden Bewusstsein unserer Gedanken, Gefühle und Körperempfindungen einher und führen in eine Rückverbindung zu unserem Spiritualkörper, der Verbindung zum All-Einen-Bewusstsein.

Erweiterung des Gesundheitsbewusstseins

Wir sind eingeladen, uns der wichtigsten und größten Wahrheit zu öffnen, die da heißt: Alles ist mit allem verbunden! Alles ist eins! Können Sie sich dem Gedanken öffnen, dass Mangel, Symptome und Krankheit Wegweiser zu einem All-Einen-Bewusstsein sind und deren Erfahrung und Überwindung nur dazu dient, uns zurück zum Ursprung zu führen? Die meisten Menschen haben heute den Bezug zur eigenen Spiritualität verloren. Sie spüren keine Verbundenheit zum großen Ganzen mehr. Wir sind so in unseren unmittelbaren Problemen, Mangelzuständen und Krankheiten gefangen, dass wir gar keine Kapazität mehr haben, uns um den Rest der menschlichen Familie oder unseren Planeten Erde zu kümmern. Wir haben unsere Gefühle so oft und so vehement verdrängt, dass wir kaum noch direkten Zugang zu ihnen haben. Dies gilt es wieder zu lernen.

Unsere aktuelle globale Krise auf ökologischer und sozialer Ebene basiert – in Anlehnung an verschiedene Essays aus dem Buch »Spirituelle Ökologie« – auch auf einer drastischen spirituellen Krise der menschlichen Spezies. Dies ist vielleicht die wahre Krankheit der Welt: Der Verlust des Heiligen in uns selbst und in Bezug zu allem, was ist. Wie sonst ist es möglich, dass wir in unseren Religionen einen Schöpfer verehren, während wir zugleich seine Schöpfung selbst entehren und die Lebenserhaltungssysteme dieser Erde zerstören? Wie konnte das Reich der Menschen auf derart alarmierende Weise über die Grenzen des ökologischen Systems der Erde schießen? Wie können wir davon ausgehen, dass wir als Individuen, als Unternehmen, als Staaten oder als Spezies unberührt bleiben könnten von dem, was wir anderen Lebewesen oder der Erde selbst antun? Wir führen Krieg gegen unsere Mutter Erde und merken nicht, dass wir gegen unsere eigene Herkunft und Lebensgrundlage kämpfen. Deshalb sind wir Menschen auch Teil der leidenden, kranken Gesamtheit. All diese Geschehnisse sind nur dadurch möglich geworden, dass wir den Kontakt zu unseren Gefühlen verloren haben und in der Folge auch die Verbindung zu unserem spirituellen Sein.

Durch die bejahende Annahme und das Fühlen all unserer Gefühle können wir wieder Kontakt zu unserer eigenen Spiritualität erhalten und können damit beginnen, unsere Herzens-Wahrheit wieder zu er-fühlen und zu erfüllen. Heilung fängt bei uns selbst an. Funktionale Maßnahmen oder auch Symptombehandlung berühren diese Heilung nie. Egal, ob sie wirken oder nicht. Heilung kann nur im Bewusstsein stattfinden. Die Voraussetzung dafür ist, ob wir es schaffen, uns selbst gegenüber ehrlich zu werden oder nicht. Jeder Schritt, der in Richtung größerer Bewusstheit zielt, ist ein Fortschritt für die eigene Gesundheit und die der ganzen Menschheit. Wenn es der Erde schlecht geht, geht es uns schlecht und umgekehrt. Llewellyn Vaughan-Lee schreibt in »Der Ruf der Erde«: »Es gibt in der äußeren Welt einiges zu tun, aber diese Handlungen müssen einer Wiederverbindung mit dem Heiligen entspringen, sonst werden wir nur jene Muster neu ordnen, die das Ungleichgewicht erschaffen haben. Wir sehen uns derzeit mit einer furchtbaren Krise konfrontiert, doch sie ist für die Menschheit auch eine Gelegenheit, ihre Rolle als Wächter des Planeten zurückzugewinnen und Verantwortung für das Wunder und das Mysterium dieser lebendigen, heiligen Welt zu übernehmen.«

An dieser Stelle schließt sich für mich der Kreis! Unsere eigene Gesundheit und die unseres Planeten Erde sind eins. Wenn wir beginnen, uns selbst zu heilen, heilen wir den Planeten und umgekehrt. Meiner Meinung nach ist es Zeit für eine neue Perspektive. Was sagt Ihr Herz dazu?

Vita Maren Stahl

Maren Stahl, geb. 1972, ist freie Unternehmensberaterin für die Ernährungsindustrie und Förderin zukunftsfähiger Ernährungs- und Lebensmodelle.

Maren Stahl investiert in Start-up-Unternehmen der Ernährungsbranche, deren Geschäftstätigkeit von einem Wirtschaften getragen wird, das sinnvoll für Mensch und Erde ist. Dabei begleitet sie Unternehmen durch die Startphase der Gründung, den Aufbau des neuen Geschäftsmodells und unterstützt sie in Kernfragen der Unternehmensführung.

Maren Stahl arbeitete von 1998 bis 2008 in Management- und Führungspositionen der Ernährungsindustrie. Ihr beruflicher Fokus lag in den Bereichen Business Development, Innovation, Strategie und Marketing. Zuletzt war sie als Geschäftsführerin eines Produktionsunternehmens für vegetarische Nahrungsmittel tätig. Seit 2009 unterstützt sie als freie Beraterin und Interimsmanagerin die Lebensmittelindustrie und die Gesundheitsbranche. Maren Stahl ist verheiratet und Mutter eines 4-jährigen Sohnes.

Die Seele wird von Pflastersteinen krumm. Mit Bäumen kann man wie mit Brüdern reden und tauscht bei ihnen seine Seele um.
Die Wälder schweigen. Doch sie sind nicht stumm. Und wer auch kommen mag, sie trösten jeden.

Emil Erich Kästner (* 23. Februar 1899 in Dresden; † 29. Juli 1974 in München) war ein deutscher Schriftsteller, Publizist, Drehbuchautor und Verfasser von Texten für das Kabarett.

Arbeit ist sichtbar gemachte Liebe
Und wenn ihr nicht mit Liebe sondern nur mit Widerwillen arbeiten könnt, lasst besser eure Arbeit und setzt euch ans Tor des Tempels und nehmt Almosen von denen, die mit Freude arbeiten.
Denn wenn ihr mit Gleichgültigkeit Brot backt, backt ihr ein bitteres Brot, das nicht einmal den halben Hunger des Menschen stillt.
Und wenn ihr Trauben mit Widerwillen keltert, träufelt eure Abneigung ein Gift in den Wein.
Und auch wenn ihr wie ein Engel singt und das Singen nicht liebt, macht ihr die Ohren der Menschen taub für die Stimme des Tages und die Stimmen der Nacht.
Und zusammen werden wir uns aller Jahreszeiten erfreuen.

Khalil Gibran (* 6. Januar 1883 in Bischarri, Osmanisches Reich, heute Libanon; † 10. April 1931 in New York City) war ein libanesisch-amerikanischer Maler, Philosoph und Dichter.

Andrea Tichy – Lebendiges Wasser – Energiequell des Körpers

Gutes Wasser zählt zu den besten Mitteln, um seine Batterien aufzuladen.

Was das Leben am Laufen hält, das konnte sich die Wissenschaft lange Zeit nicht so recht erklären. Bis der amerikanische Professor Gerald H. Pollack mit seinem Buch »The Fourth Phase of Water« auf den Plan trat. Denn mit der »vierten Phase des Wassers« scheint eine Erklärung gefunden, wie die zahlreichen biologischen Reaktionen im Körper in Gang gesetzt werden: Wie eine Batterie kann dieser besondere Zustand des Wassers Prozesse antreiben. Als »Maschine des Lebens« bezeichnet deshalb auch der österreichische Wissenschaftler Dr. Walter Medinger diese »vierte Phase des Wassers«. Sie hat eine flüssigkristalline Struktur, kann sich beispielsweise im Inneren der Gefäße bilden und durch unterschiedliche Spannungsverteilung etwa die Bewegung der Blutkörperchen oder des Lymphsystems befördern. Nach Einschätzung des wissenschaftlichen Leiters des Internationalen Instituts für EMV-Forschung in Krems an der Donau lassen sich viele therapeutische Wirkungen durch die vierte Phase des Wassers erklären und der Mensch kann eine ganze Menge tun, damit diese »Maschine des Körpers« bestmöglich funktioniert. Denn die Batterie der vierten Phase lässt sich durch eine ganze Reihe von Maßnahmen aufladen: etwa durch Sonnenbaden, frische Luft mit viel Sauerstoff, durch Barfuß-Laufen oder gesunde Ernährung. All diese Maßnahmen führen dem Körper negative Ladung zu und in Sachen Ladung ist »negativ biologisch positiv«. Eine der besten Quellen, um die vierte Phase des Wassers zu stärken, ist jedoch der Gebrauch von »lebendigem Wasser«.

Der Ausdruck »lebendiges Wasser« findet sich in keinem Lexikon. Allerdings haben eine ganze Reihe von Naturwissenschaftlern, Ärzten und Experten sehr genaue Vorstellungen, worin die besonderen Qualitäten von »lebendigem Wasser« bestehen.

Von reifem und unreifem Wasser

Für Viktor Schauberger, den legendenumwobenen Wasserforscher, der mit seinen Beobachtungen, Untersuchungen und Experimenten den Grundstein für die moderne Wasserforschung gelegt hat, spielt das Kriterium der Reife eine besondere Rolle. Viktor Schauberger unterscheidet in »reifes« und »unreifes Wasser« – ähnlich wie es reife und unreife Äpfel gibt. Und so wie Menschen vom Genuss unreifer Äpfel Bauchschmerzen bekommen, so ist unreifes Wasser nach Ansicht von Viktor Schauberger der menschlichen Gesundheit ebenfalls abträglich. »Reif« ist ein Wasser laut Schauberger dann, wenn es aus eigener Kraft aus der Tiefe nach oben steigt. Beispiele dafür finden sich in den Bergen, wo oft in großen Höhen Quellen entspringen.

Elektronen: Wundermittel gegen Stress

Dr. René Hirschel, Umweltmediziner aus Günzburg, nennt ein weiteres wichtiges Kriterium, mit dessen Hilfe sich die »Lebendigkeit« eines Wassers beurteilen lässt: Es ist dessen Energie, die sich durch die Anzahl negativ geladener, die Menschen aktivierende Elektronen messen lässt. Elektronen sind die wohl bekanntesten Elementarteilchen. Sie wirken als Antioxidantien, da sie freie Radikale binden können, und sie unterstützen aufgrund ihrer negativen elektrischen Ladung das Aufladen der Körper-Batterien. In freier Natur werden Elektronen vor allem am Meer und an Wasserfällen freigesetzt und ihre erhöhte Konzentration ist auch der Grund, warum sich Menschen an diesen Orten so wohl und aktiviert fühlen. An manchen Orten nutzt man das gesundheitliche Potenzial der Elektronen ganz gezielt zu therapeutischen Zwecken. Beispiel Krimmler Wasserfälle: Dort wird aufgrund der Fallhöhe von 381 Metern das herabstürzende Wasser fein verstaubt und mit kinetischer Energie angereichert. Dr. Arnulf Hartl vom Labor für Transnationale Immunforschung an der Paracelsus Medizinischen Privatuniversität Salzburg hat herausgefunden: Die dabei entstehenden Wassertröpfchen sind 200-mal kleiner als Asthmasprays und stark mit elektrisch negativ geladenen Ionen gesättigt. Doch auch bei kleineren Wasserfällen, wie etwa in der oberbayerischen Weißbachschlucht, ist eine erhöhte Ionen-Konzentration in der Luft festzustellen.

Maßstab für Lebensmitte

Wie wichtig Elektronen für die Beurteilung von Lebensmitteln sind, beschreibt der emeritierte Weihenstephaner Professor Dr. Manfred Hoffman. Demnach kommt es nicht nur darauf an, welcher Nährstoff in einem Lebensmittel steckt, sondern auch in welchem Umfang es uns Konsumenten als »Elektronenspender« dienen kann. Nahrung, die nicht mehr in der Lage ist, Elektronen abzugeben, ist für den Körper nutzlos. Dabei spielt der Verarbeitungsgrad eine wichtige Rolle. Möglichst naturbelassene »Lebensmittel« enthalten messbar mehr Elektronen als minderwertige »Nahrungsmittel«. Das gilt auch für Wasser: Denn es kann durch langen Transport in Leitungen oder industrielle Verarbeitung Schaden in seiner Lebendigkeit nehmen. Was lebendiges Wasser so unschlagbar macht: Im Gegensatz zu anderen Lebensmitteln, die selbst oft zum »Elektronendieb« werden, indem sie sich von anderen Antioxidantien Elektronen stehlen, entzieht sich Wasser dieser »Elektronenkaskade«. Deshalb eignet sich lebendiges

Wasser – innerlich und äußerlich angewendet – auch so gut als Gesundheitsmittel.

Lebendiges Wasser richtig nutzen

Quellwasser trinken: Lebendiges Wasser ist keine Frage des Geldbeutels. In der Natur sprudeln überall lebendige, wertvolle Quellen. Bei vielen Menschen ist das Wissen um diese Quellen in ihrer Nähe allerdings verloren gegangen. Doch auch hier zeigt sich eine gegenläufige Bewegung. Immer mehr Menschen, die auf lebendiges, hochwertiges Wasser Wert legen, holen sich ihren Trinkvorrat von Quellen aus ihrer Umgebung.

Wasser schmecken: Wasser ist nicht gleich Wasser. Je nach den Umweltfaktoren, die auf Wasser einwirken und je nach Gesteinsschichten, die es auf seinem Weg vom Regen bis zum Grundwasser durchfließt, kann es große Geschmacksunterschiede aufweisen. Im Sensorik-Test kann jeder schmecken, welches Wasser zum momentanen Zeitpunkt das für ihn richtige ist. Denn der Körper ist eines der sensibelsten Messinstrumente. Man sollte ihm vertrauen, wenn er ein Wasser nicht trinken mag. Bei Wasser hingegen, das weich schmeckt und sich so gut wie von alleine trinkt, sollte man nach Herzenslust zugreifen.

Glasflaschen kaufen: Lebendiges Wasser hat viel Energie und die macht nicht Halt vor der Verpackung. Stichwort PET-Flaschen: Forscher der Universität Heidelberg konnten belegen, dass das toxische Schwermetall Antimon, das bei der Herstellung von PET-Flaschen verwendet wird, von der Flasche an den Inhalt abgegeben wird. Auch können PET-Flaschen Weichmacher enthalten, die durch Sonneneinstrahlung direkt ins Getränk gelangen. Unbedenklich sind Flaschen aus Glas, denn dieses Material geht keine Wechselwirkung mit dem Flascheninhalt ein.

Wasserfälle aufsuchen: Wasserfälle oder Meer: Es gibt kaum andere Orte auf der Welt, an denen sich die Menschen so aktiviert fühlen. Die Wasserfälle in Krka in Kroatien gelten schon seit langer Zeit als besonderer Jungbrunnen. An anderen Orten wie etwa an den Krimmler Wasserfällen in Österreich werden diese therapeutisch genutzt und wissenschaftlich untersucht. Schon nach zehn Minuten Aufenthalt am Krimmler Wasserfall waren bei den getesteten Personen eine erhöhte Sauerstoff-Sättigung im Blut und erhöhte Vitalität festzustellen. Auch kann sich dort ein tiefer Entspannungszustand einstellen.

Mehr zum Thema:
Andrea Tichy
Lebendiges Wasser – Energiequell des Körpers
ISBN 978-3-9815402-3-9
Quell Edition

Vita Andrea Tichy

Andrea Tichy ist Volkswirtin und Journalistin. Seit mehr als 30 Jahren beschäftigt sie sich mit dem Thema Nachhaltigkeit und gehörte in den 1980er Jahren zu den Ersten, die über das Thema Umweltschutz/Nachhaltigkeit bei einem Wirtschaftsmagazin berichteten. Ihr Interesse an diesem Themenfeld hat Andrea Tichy im Laufe der Zeit in unterschiedlichen journalistischen Formaten umgesetzt. Vor zehn Jahren gründete sie die Zeitung Quell und das Internetportal www.quell-online.de. Das Buchprojekt »Lebendiges Wasser« ist Ergebnis ihrer langjährigen Recherchen und wird von ihr in aktualisierten Auflagen fortgeschrieben.

Doktor Wald
Wenn ich an Kopfweh leide und Neurosen,
mich unverstanden fühle oder alt,
und mich die holden Musen nicht liebkosen,
dann konsultiere ich den Doktor Wald.
Er ist mein Augenarzt und Psychiater,
mein Orthopäde und mein Internist
Er hilft mir sicher über jeden Kater,
ob er von Kummer oder Cognac ist.
Er hält nicht viel von Pülverchen und Pille,
doch umso mehr von Luft und Sonnenschein.
Und kaum umfängt mich angenehme Stille,
raunt er mir zu: »Nun atme mal tief ein!«
Ist seine Praxe oft auch überlaufen,
in seiner Obhut läuft man sich gesund.
Und Kreislaufkranke, die noch heute schnaufen,
sind morgen ohne klinischen Befund,
Er bringt uns immer wieder auf die Beine,
das Seelische ins Gleichgewicht.
Verhindert Fettansatz und Gallensteine,
nur Hausbesuche macht er nicht.

Förster Helmut Dagenbach (von 1956 bis 1992 als technischer Leiter des Arbeitsbereichs Forstpflanzenzüchtung an der Forstlichen Versuchs- und Forschungsanstalt Baden-Württemberg [FVA]).

Vom Herausgeber bereits erschienen:

Begegnungen – Alles wirkliche Leben ist Begegnung
Ich hatte das Glück, so vielen bedeutenden Persönlichkeiten zu begegnen.
Dieses Glück gebe ich in diesem Büchlein mit einigen Fotos gerne weiter.
3. erweiterte Auflage, 117 Seiten, nur 7.90 €
ISBN 978-3-8334-2602-5

Glücksmomente sind Kraftmomente
»Dieses Werk ist eine Sammlung von Lebenserfahrungen, das uns allen gut tun wird«, schrieb dazu: Dr. Asfa-Wossen Asserate, Prinz von Äthiopien
93 Seiten 2. erweiterte Auflage, 6.90 €
ISBN 978-3-8391-9228-3

Mehr tun, als man tun muss
mit 19 mutmachenden Beiträgen zum vielfältigen Ehrenengagement
»Die IG FÜR gesunde Lebensmittel e.V. pflegt mit diesem Buch sozusagen die Wurzel des demokratischen Geistes unseres Landes und auch Europas!«, schreibt hierzu Walter Scheel, Bundespräsident a.D.
194 Seiten, 16,90 €
ISBN 978-3-8391-5615-5

Vielfalt statt Einfalt
21 Berichte zum Leben und Essen im Einklang mit der Natur aus Deutschland, Österreich, Schweiz, Peru und Ägypten
220 Seiten, 16,90 €
ISBN 978-3-7357-5574-2

Ärzte, Heilpraktiker, Ernährungswissenschaftler, Physiotherapeut, Spitzenkoch, Lebensmittelkaufmann usw. bereichern diesen ungewöhnlichen Sammelband.

Seit 1997 durfte ich als Lebensmittelkaufmann und Gründer der nun internationalen Interessengemeinschaft IG FÜR gesunde Lebensmittel e.V. erstklassige Fachleute auf ihrem Gebiet, als Referenten und IG FÜR-Mitglieder kennenlernen.

Meiner Bitte, auf wenigen Buchseiten, die jeweils wichtigsten Erkenntnisse lesefreundlich zu schreiben kamen 14 Persönlichkeiten nach. Somit kann dieser Sammelband vielen Menschen eine wertvolle Gesundheits- und Lebenshilfe werden.

»*Investitionen in die eigene Gesundheit lohnen sich für jeden, denn Gesundheit ist die Voraussetzung für jegliches Lebensglück, auch wenn wir diese Tatsache manchmal aus den Augen verlieren. Dieses Buch ermöglicht es uns, uns wieder daran zu erinnern, und führt uns vor Augen, wie viel wir selbst zum eigenen Wohlergehen beitragen können.*«

Dr. Gerd Müller, Bundesminister

»*Lassen wir uns nicht täuschen von der steigenden Lebenserwartung, wenn auf der anderen Seite die Wartezimmer der Ärzte immer voller werden und die Wartezeiten bei Fachärzten immer länger (…). Aus diesem Grund begrüße ich dieses Buch mit Beiträgen und Hinweisen für eine ganzheitliche und gesunde Lebensführung (…) Achtung, Gesundheit und Lebensfreude können anstekkend sein!*«

Joseph Wilhelm, Bio-Pionier und Rapunzel-Unternehmer

Der Reinerlös des Buchverkaufs kommt wieder dem SOS-Kinderdorf e.V. sowie der Interessengemeinschaft IG FÜR gesunde Lebensmittel e.V. zugute. www.ig-fuer.de